# BULLETIN

## DE LA

## SOCIÉTÉ DES SCIENCES

### HISTORIQUES & NATURELLES

#### DE LA CORSE

XIXe ANNÉE
NOVEMBRE & DÉCEMBRE 1899.
227e-228e FASCICULES.

## BASTIA

IMPRIMERIE ET LIBRAIRIE OLLAGNIER

—

1899.

# SOMMAIRE

## DES ARTICLES CONTENUS DANS LE PRÉSENT BULLETIN

## Pour paraître prochainement;

*Osservazioni storiche sopra la Corsica dell'Abbate Ambrogio Rossi,*
Livre IX, 1745-1752, publié par M. l'Abbé LETTERON.

*Correspondance des Agents de France à Gênes avec le Ministère (ann. 1730*
*et suiv.),* publiée par M. l'Abbé LETTERON.

*Aperçu historique. Les Milanais en Corse: Une investiture de fief par*
*Francois Sforza,* publié par M. A. DE MORATI.

*Lettres de l'amiral Nelson pendant sa croisière sur les côtes de Corse.* —
Traduction de l'anglais, par M. SÉBASTIEN DE CARAFFA, Avocat.

*Lettres diplomatiques de A. P. Sorba. (Avril 1763 à Août 1764),* publiées
par M. l'Abbé PH.-GRÉGOIRE MARINI, moine bénédictin.

*Lettres de Paoli, V<sup>e</sup> Série,* publiées par M. le docteur PERELLI.

*Procès-Verbaux des Assemblées générales des Etats de Corse, tenues à Bastia*
*de 1770 à 1784,* 3<sup>e</sup> vol., publiés par M. A. DE MORATI.

# LETTRES

## DE

# PASCAL PAOLI

---

5e Série

3

SOCIÉTÉ DES SCIENCES HISTORIQUES ET NATURELLES
DE LA CORSE

# LETTRES

DE

# PASCAL PAOLI

## PUBLIÉES PAR M. LE DOCTEUR PERELLI

**5e Série**

**BASTIA**
IMPRIMERIE ET LIBRAIRIE OLLAGNIER
—
1899.

# Memoria di Santucci e compagni

*Compatriotti e Signori dell'onorata assemblea*
*che bensì devesi aprire in Campoloro*

———

*Sans date, mais du 20 au 22 Settembre 1755.* — Lo sventurato Tomaso Santucci e suoi più disperati compagni, col più vivo del cuore, gettansi in braccio al comune di quella patria che tanto acerbamente gli va perseguitando. Non doveasi premio sì crudele alle lui tante e sì fatte fatiche, agli tanti suoi sudori e dispendj, o in Corsica, o in terra ferma. Tutta volta giacchè la nazione è contenta di disterrarli, loro, per soddisfarla, sono più che contenti. Potesse pure essere il suo sangue, non che i suoi averi, la propria liberazione della sì ingrata patria, che volentieri, per sì bella ragione lo versarebbero, benchè con tanta ingratitudine si vedano dispersi e distrutti (1).

Onde, amatissimi compatriotti e popoli della Corsica, prima di voltar le spalle e darsi disperatamente alle strade che non gli paion proprie, ne fanno le presenti proteste.

Vedeteli fugaci e dispersi con grosse famiglie alle spalle, girar nel centro che gli ha prodotti colla sola speranza di

———

(1) Les châtaigniers de Santucci furent écorcés (accintolati), sa maison en partie démolie.

un Dio, e son contenti continuar lo stato infelice se loro Signori contentar si volessero dare al netto la loro causa, non che sia posta in mano a due teologi, e sentire le loro più che giuste ragioni: se verran condannati, si daranno in mano al comune, acciò non solamente sconquassati ne' beni siano ancora puniti nelle vite; ma se la sua causa risultasse giusta, perchè opprimerli a torto ?

Frattanto potreste, o popoli compatriotti, dargli un luogo sicuro da dove potessero far sentire a quei Signori arbitri ciò che gli parrà espediente.

Quando poi la barbarie continui contro di loro e delle loro famiglie (sia il vostro rinfaccio) dovran trovarsi a viso; partiransi da voi scacciati da voi medesimi; gli darà forza il Signore; gli darà spirito il vostro rifiuto; e voi verrete rinfacciati e rimbeccati da un mondo intiero, che per ragion così vile vogliate perdere, anzi farvi nemico un tanto affettuosissimo patriotto, che ha gettato tanto sudore per il comune e per il particolare.

Aspettan li vostri riscontri con le lagrime agli occhi; vi abbraccian tutti ed a tutti si gettano in braccio protestandosi alla fin fine che calmati o sdegnati che voi siate disponete pur di loro, dategli quei precetti che l'onore vi detta e son pronti esecutori vostri.

## DETTO SUPPLICANTE

*Nota.* — Santucci Thomas, né à Poggiale de Tarrano, Pième d'Alesani, mort à Lugo de Nazza le 26 Septembre 1755, fut, à la mort de Gaffori, l'un des 4 Conseillers d'Etat chargés de gouverner la Corse. Il eut deux garçons et une fille. Sa fille épousa Colombani Angeluccio. Un de ses fils, Ciccolo, mourut Piévan de Pietricaggio. Le second de ses fils Cecco, eut un fils, qui n'eut qu'une fille. — Voici quelles furent les principales familles d'Alesani qui suivirent le parti de Santucci et de Matra : à Navale, les Maroselli et les Brandizi ; à Ortale, les Padovani ; à Valle, les Garelli, représentés surtout par le fameux bandit Filone ; à Pietricaggio, les Colombani et les Marchetti ; à Tarrano, les Catani et les Galgani.

## Paoli a Durilio, a Luco di Nazza (1).

*Fragment de 1755 ou 56.....* — Da voi dipende la tranquillità del vostro paese. Oggi la legge è così chiara che ognuno può amministrarla meglio che certi saputelli. Se saremo di accordo, stretti ed uniti, tutto otterremo. Disuniti, saremo disprezzati da tutti.......

## Paoli a Quilici Gianni Paolo, a Speloncato (2).

*Rostino, 25 maggio 1756.* — Amico. Il Signor Domenico Arrighi mi consegnò la vostra lettera, dalla quale, non meno che dall'acchiuso memoriale, vengo in cognizione della poca giusta equità, con cui il Signor Tarigo possede il benefizio di Santa Eugenia. Tantochè, se al Consiglio appartenesse, e fosse di spettanza il giudicare sopra le ragioni del vostro rac-

---

(1) Durilio Mosca. — Les Mosca étaient une famille de Caporali de Lugo-di-Nazza.

(2) Toutes les lettres adressées à Quilici nous les devons à l'obligeance de M. l'avocat Antonetti Dominique, de Meria.

comandato, la lite sarebbe terminata. Ma il fatto sì è, che queste sono cose ecclesiastiche, e non possono agitarsi che nanti il Foro competente. Se si fosse cambiato raccoltore, certamente il Gioan Silvestro per tutti li riguardi dovrebbe esser preferito ; ma siccome di quel benefizio, e di tutti gli altri noi non prendiamo che una piccolissima parte de' frutti, noi ne lasciamo la intiera disposizione a lor proprietarii, per toglier quindi anche la falsa opinione, che noi siamo usurpatori de' beni ecclesiastici. Così voi vedete, amico, l'impossibilità nella quale sono di compiacervi, come vorrei per questa volta. Il Signor Domenico a bocca anche meglio ve ne persuaderà. Il Canonico Tarigo fa ogni sforzo per ritornare alla Pieve; non dubito che venendo egli, non si potesse mettere a termini del dovere, sebbene la di lui lettera parli ad uso degli oracoli ; la scrittura però, ch' altra volta vi rimando, è troppo chiara, e non so come in Roma egli trovasse luogo per aprir bocca. Certamente avrei avuto piacere di parlarvi, e di abbracciarvi, onde vie più essere da voi anche informato dello stato della Provincia ; a rivederci però in breve. Vi prego portar i miei rispetti al vostro Signor Padre, assicurandolo per sua consolazione, che il suo antico amico (1) se la passa bene in Napoli. Augurandomi altra occasione di potervi far conoscere colla sperienza l'affetto che vi porto, mi protesto sempre, vostro affezionatissimo amico.

## Paoli a Salvini

*Casinca, 31 maggio 1756.* — Son venuti li Belgoderesi. Non si potranno lagnar certamente del Governo. — Alla vo-

---

(1) Hyacinthe de Paoli, sans doute.

stra seconda lettera farò meglio risposta quando sarò in breve in Provincia. La lettera Pontificia, leggetela con attenzione chè ci è favorevole e scopre ad evidenza le maligne imposture de'Vescovi, ed il Santo Padre, inteso che li Vescovi aveano interdetta qualche Diocesi, dà a tutta la nazione indistintamente la sua benedizione. Non temete chè non dormo; dove certuni fingono di pensare sopra le nostre cose, mi lusingo principiare io le mie meditazioni. Se mi fanno tenere il lume, bon prò li faccia. Meglio a bocca, caro amico; credetemi sempre lo stesso.

P. S. — Quelle genti che dicono che non sanno gli ordini del Consiglio, non dicono il vero, poichè molti, per averli trasgrediti, sono stati castigati; ma, a dir vero, in codesta Provincia, il Pretismo è strangolato dalla speranza della Pieve di Aregno. Qui ancora sono stati chiamati in Bastia li Preti e Frati, e si ne sono risi alcuni ignoranti; do l'ordine, altri rispondendo che in Bastia e ne' Presidj andandovi, il meno che rischiano è la libertà, così non poter essere obbligati ad andarvi altrimente che per degni e giusti motivi, lo vieta il Governo.

## Paoli ai Signori di Sollacarò e Bocchisano d' Istria

*Corte, li 24 novembre 1756.* — Illustrissimi Signori. Dalli Capi principali della Provincia che sono intervenuti al Congresso, tenutosi jeri in questo luogo, apprenderanno le determinazioni che vi si sono prese. Loro Signori che sono delle più cospicue Famiglie del Regno e che devono in conseguenza essere li più portati a mantenere i diritti della Comune Patria, sono obbligati a cooperare unitamente agli altri soggetti di distinzione, acciocchè in codesta parte si metta ad esecuzione quel sistema che si è divisato più confacevole alle presenti circostanze, nelle quali dobbiamo sicuramente sperare la libertà della Patria, e l'esaltazione delle persone di merito. Si uniscano dunque agli altri loro compatriotti, che si poneranno in marcia, e diano a noi la caparra di ricordarci colle occasioni di loro Illustrissimi Signori.

## Paoli a Quilici, Massiani e Orsatelli, a Speloncato

*Corte, 6 marzo 1757.* — Amici. Se prima avessi parlato col Signor Passani aurei cambiato idea intorno alla muta, ed aurei avanzato un mese per il Governo. Non dubito che Chiarelli non abbia sementata in Provincia la zizania ; ma niuno alzerà la testa, se pur non è giunta l'ora nella quale Iddio voglia darli il meritato castigo. Vivete di buon animo, chè quindi le cose vanno bene ; il Matra si è ritirato al Forte, la Pieve di Castello ed il Fiumorbo eccellenti, i paesi d'Antisanti e Vezzani non gli han dato seguito ; questi ancora incoraggiano il loro perdono, ed in Ghisoni si è spedito il Signor Angelo Matteo Alberti (1), con l'autorità di assoldarvi una Compagnia e di governar tutta quella Comarca nei presenti torbidi, e credo che da quella parte il Matra riceverà tutto lo svantaggio, giacchè sarà necessario levargli anche l'asilo d'Aleria, da dove pensa a fare delle notturne scorrerie e gli è riuscito l'altra notte di far prigioniere il Pievano di Moita per strapparle danaro ed abbruciar la casa per non far vedere li loro furti. Ragguagliatemi di tutto ciò che succede costi, e credetemi....

_____

(1) Alberti, de la piève de Venaco.

## Paoli a Quilici Giannipaolo, a Speloncato [1]

*1757 (avril ou mai)*. — Amico. Mi trovo avere ieri scritto al Signor Cassani, a cui ho dato l'incombenza degli affari del decimato di Giussani. Mi spiace non esserne stato prevenuto a vostro favore. Il Magistrato, fattegli le rappresentanze dell'affissione del Monitorio, ne prenderà il dovuto risentimento. Le cose di questa parte vanno bene. Ieri l'altro è giunta la Feluca, ed è ripartita subito. Dello ristabilimento in salute del Signor Canonico Natali ce ne assicurano le di lui lettere, scritte di proprio carattere. Datemi spesso delle vostre notizie. Salutatemi vostro Signor Padre e figlio, e credetemi vostro affezionatissimo amico.

Fiumorbacci si fanno buoni. Oggi si tiene la Consulta al Luco di Nazza.

## Paoli al Conte Giannipaolo Quilici, a Speloncato

*Murato, 7 luglio 1758*. — Illustrissimo amico. La Giustizia in Giussani è andata benissimo e farà buon esempio per metter a freno i facinorosi. Il possesso preso dal Prete Vincente

---

(1) Sans date, mais de 1757, car Natali fut blessé en avril. Le chanoine Natali est l'auteur du *Disinganno*. Il devint plus tard évêque de Tivoli. — La Consulte de Lugo-di-Nazza a dû avoir lieu en avril ou mars 1757.

Pietri della Pieve di Aregno è troppo scandaloso. È stato bisogno che siansi emanati ordini un poco rigidi, li quali non essendo ubbiditi daranno impulso a sonar una campana, che, sebbene anche io aurò parenti che ne resteranno atterriti, non lascerà di produr bonissimi effetti. Ho il Sindicato di questa Provincia, e non si mancherà alle altre. Capocchia (1) è buono. Sono.....

## Paoli a Rivarola (traduction du chiffre)

*Peut-être de 1760.* — Oh che brutta dedicazione piena di bugie, di satire e d'ignoranza della costituzione del nostro governo. Non ne fate conto.

Ho molti ami tesi per pesci grossi; ma presto li cannoni, polvere e palle, altrimente, colla quota di danaro che gli paga ora la Francia, Genovesi rinforzano li presidj, e abbattono li partiti che ci abbiamo, vogliosi di scoprirsi. Il minchion di Folacci si è fatto prendere la Torre di Capitello per tradimento di un soldato, che vi introdusse li Fiaconi, sicarj di Vallene, i quali ancora non hanno ricevuto dentro truppa. Forse contrasteranno per il premio. Purchè le prese restino a noi, non mi curo che si regoli il prezzo della medesima.

Sento che vi siano due cannonetti costì da 9. Questi sarebbero ora necessari. Procurate chè vengano subito con qualche feluca o bastimento capicorsino. Li cannoni in due casse serrate; nell'istesso modo le palle loro.

---

(1) Agostini.

## Paoli a suo Fratello Clemente

*Bozio, à la mort de Matra.* — Bozio fuma, il nemico è morto ; i ribelli sono in fuga.

State sano. (1)

## L'abbate Grimaldi al Canonico D. Ignazio Felce, a Cervione

*Padulella, 2 giugno 1759.* — Caro canonico. Non sono frascherie, non sono jattanze. Il Signor D. Camillo Ottavi governerà, perchè la Santa Sede lo vuole, e la Repubblica ha fatto quel colpo che altri aurebbero sempre tentato invano.

Io non parlerò, ma guardate bene che nel Fiumorbo e nella Balagna vi è la notizia di questo affare, e le lettere di Monsignore Arcivescovo di Pisa girano da pertutto, nè si lascia di travagliare, perchè vi giungano nelle mani.

Stamane appunto ne arriva la copia della Bastia, di carattere, per quanto mi sembra, di Monsignore di Angeli. Io l'ho trattenuta affine che essa non vada alla sua direzione, ed in cambio la mando a voi.

Un giovine del vostro spirito potrebbe farci ricavare qualche profitto da questo accidente. Persuadetevi pure che io lo desidero, e che non lascerò mai alcuna strada per cui mi venga concesso di farvi conoscere che sono costantemente il più sincero de' vostri amici.

(1) Laconisme Césarien.

## Paoli a Quilici, a Speloncato

*Oletta, 20 giugno 1759.* — Amicaccio. Spero buon esito delle cose di Roma. Il Santo Padre finalmente qualche cosa bisogna proveda, e qualunque provvisione per noi sarà vantaggiosa. Per il vostro raccomandato si combattè *pro aris et focis* ed il Signor Pizzini s'interessò per la collegiata.

Li Frati di Areguo hanno mandato una supplica di Procuratori ingannati; rispondo al Magistrato chè esaminino la condotta di questi galantuomini al mio arrivo in Balagna, e frattanto scrivo al loro superiore che con qualche scritto disinganni li semplici; per gli altri, si prenderà altra strada.

Grimaldi è confuso e disperando nelle forze della Repubblica; ha proposto in Senato l'assoldamento di 1,500 suoi partigiani; ma questo progetto o non sarà accettato dalla Repubblica esausta di danari e sazia di lui, ed, accettato ed eseguito, non ci sgomenta affatto, e chi è buono, è buon patriotto, chi non è tale non ha coraggio.

La Bastia è costernata; la fame vi passeggia, e se dura si grida; non può durare. Per sospetti stranieri sabato partì la galera con tre gondole e 300 uomini per Ajaccio. Se il progetto dell'assoldamento di 1,500 non è approvato, Grimaldi parte in breve con 5 picchetti per Genova. Le cose di Furiani sono rimesse ed il paese è più forte di prima. Si sta strascinando l'amanuglio per la Torre e Palazzo, e domenica vi andranno li maestri sopra, e in otto giorni sarà terminato il tutto. Ora bisogna veder Furiani come trovasi. Il diavolo non l'affronterebbe. Finchè v'è sospetto, restate costì e parlate forte. Riveritemi il nostro vecchio. Monsignor de Vaux parte in breve.

Lasciatelo dire, se però vuol prender qualche altro birbo, che resti. State ad occhi aperti. Sono...

Prete Carlantonio è partito con Felce. — Ogni giorno 8 o 10 disertori. Se dura, non abbiamo bisogno metterci mano.

## Paoli a M. Limperani, a Penta

*Olmeta, 1° settembre 1759.* — Riv. amico. Aurete cento milioni di buone scuse per non andare al Magistrato, Io ho un motivo solo per non accettarle, e val più dei cento milioni. Non ho in queste occasioni di settembre a chi appoggiare la Corsica. La Signora Anna Dea (1) sarà dalla mia parte. Finalmente, dalla Penta a Sant'Antonio non è un gran viaggio. Potete nell'occorrenze accudire agli affari di vostra casa.

## Paoli a M. Limperani, a Corte

*Olmeta, 6 settembre 1759.* — Nemmeno dalla di lei lettera particolare, che dalla commune ho appreso lo stato delle cose di codesto Magistrato. È commendabile la di lei esattezza in tutto ciò che riguarda i publici interessi della commune patria. Susino dovrebbe a quest'ora aver eseguiti gli ordini che gli furono prescritti nella lettera antecedente dal

(1) Anna Dea, femme de Mathieu Limperani, née de Marengo Antonio, décapité à Gênes en 1754.

Magistrato, tanto più che vi è il commodo dell'imbarco. Si regolerà per gli affari di Carcheto, secondo le istruzioni che saranno nella lettera pubblica ; ed intanto, con parziale affetto, sono.

## Paoli a Limperani, a Sant'Antonio

*Olmeta, 15 settembre 1759.* — In risposta della vostra lettera del 13 corrente, debbo avvertivi chè provveda il Magistrato...... Podria nell'occasione dell'assedio di Furiani. Ho ricevuto dell'Orso Martino i sei zecchini veneziani, e glie ne ho fatto la ricevuta.

Rilasciarete il fratello del latore di questa chiamato Giusto Maria, dando sicurtà del quieto vivere. Sono.

## Paoli a Matteo Limperani, presidente e Magistrato della Giurisdizione di Bastia, a Venzolasca.

*Olmeta, 16 settembre 1759.* — Gli ostaggi di Carcheto sono inutili stando a libertà, poichè, seguendovi male, questi prenderanno la fuga, e saremo sempre a capo. Il meglio sarebbe, senza infranger la fede pubblica, metterli con sei uomini di vista in una stanza pagati a loro spese, finchè li banditi non sono imbarcati. Questa loro misura universale di pessimo esempio dovrebbe costargli cara. Prendete sopra questo fatto le più accurate misure.

In Bisinchi, mandate un grosso distaccamento chè li rei saranno più che uno. Con tutto l'affetto sono...

## Paoli a Limperani, presidente

*Olmeta, 19 settembre 1759.* — Illustrissimo Signore. Il Sig. Pieditore dovrà avere un poco di pazienza intorno al cambiamento che desidera della residenza, e mi sembra che vi può passare senza sospetto alcuno. Dio voglia che l'affare dei Martincini possa quietarsi con decoro del Governo. Lo scandalo di spalleggiare tutta una setta di banditi può risvegliar l'idea degli antichi abusi della Nazione se resta impunito. Io, contro questa sorte di delitti, sono anche più inesorabile che contro gli omicidj, perchè s'oppongono direttamente al governo delle leggi.

Sopra la paga dei soldati di codesta guardia, ne potrà far parola colli Signori Intendenti delle Finanze, li quali troveranno facile il modo di pagarli in grano per servirsi in altra cosa più opportuna del danaro. Penserò a chiamare il di lei successore, ma frattanto la sua presenza al Governo è troppo necessaria in questi giorni, ed io provo sensibile dispiacere di non poterle accordar la gita che domanda. Sento vociferarsi che altercandosi nanti codesto tribunale, li Signori Taddei e Pietri......

Io scrivo a lei solo, perchè altri nella di lei lettera non sono sottoscritti. Ma potrà far palese ancora a suoi colleghi questa mia. Ed io, colla più sincera affettuosa stima, mi dico.

## Paoli agli Intendenti delle Finanze

*Olmeta, 7 novembre 1759.* — Il Signor pievano teme che non abbiate dato ad altro colono le vigne di Ampugnani di cui egli ne possiede la metà, poichè resterebbero queste; onde, purchè restino a Nicolao della Porta, si obbliga pagar quell'affitto che possono da altro averne ricevuto. Facciano riflessione alla ragione          e gli impartiscano gli atti di giustizia.

## Graziani Francesco
## a Francesco Antonio Anfriani, a Montemaggiore

*Corte, 13 maggio 1760.* — In coerenza di quanto avete scritto al Signor Generale sulla fissazione del Governo, m'impone il medesimo scrivervi che, per comodo e della Provincia, e d'ambi i loro Presidenti, sia fissata la residenza di questo turno nel Convento di Marcasso ; molto più che i Signori Presidenti intervenuti a questo congresso colla direzione del prefato Signor Generale, hanno stabilito che in avvenire, la residenza del Governo debba essere nei conventi di Marcasso, Aregno e Speloncato ; questo è quanto vi debbo in ordine della prefata Eccellenza e col più vivo dell'animo passo a dirmi.

## Paoli all'Abbate Quilici, a Speloncato

*Convento di Rogliano, 26 settembre 1761.* — Riveritissimo Signor Abbate. — Siete stato il più ; aspettate il meno, e vedete l'esito delle premure del pubblico per le ordinazioni de' Ministri. Se volete studiare, a voi non manca apertura per studiar anche in casa vostra ; poi poco potrà tardare ad aprirsi qualche strada. Seguite i consigli di colui che vi stima perchè veramente vi è affettuoso amico.

P. S. — In caso che Viterbi sollecitasse per pagamenti, rispondete che vostro padre si ritrova qui, e al suo ritorno rimedierà a tutto.

## Paoli a Colonna d'Istria

*Murato, 28 febbrajo 1764.* — Vi ringrazio della parte di dolore che prendete per la morte del fu mio Sig. Padre.

Per il soccorso della sora Zea, che sta in Ajaccio, potete sentirvi coi Signori Roccaserra e Massesi.

Quelli che domandano la libertà di Abbatucci o bisogna che siano dei complici dei di lui maneggi o che gli siano nemici e ne vogliano sollecitare la rovina ; poichè, se questo affare va avanti, il Governo metterà in chiaro li di lui delitti, ed egli apparirà il più perfido degli uomini che sia stato in Corsica. Il di lui stesso fratello, ed il colonnello Zicavo, quando ne intesero l'arresto, dissero che bene gli stava ; specialmente il fratello disse di essersene partito da Corsica scontento da lui, perchè lo vide impegnato nel partito dei Genovesi. Il rumore poi che possono fare li di lui aderenti, è cosa di pochissimo momento. Io vi sono bene obbligato dell'avviso, sebbene poca apprensione mi farà il loro maltalento quando sarò in giro per codeste parti.

Quando si farà il Capitolo, se mi cade in acconcio, metterò in vista alli vocali il merito del Padre Benedetto.

Mi pare di avervi scritto in altra mia lettera che Francesi non ne vengono più in Corsica, e che Genovesi non sanno più come resistere alle spese che devono fare per difendere i Presidj. Colla più perfetta stima, sono.


# Il Generale e Supremo Consiglio di Stato del Regno di Corsica.

Considerando che il rifugio dell'Appellazioni introdotto dalle Leggi per correggere l'iniquità delle sentenze, e sovvenire gli oppressi, si converte spesse volte in pregiudizio, e danno della stessa Giustizia, avvenendo che alcuni si appellano indebitamente per differire l'esecuzione delle Sentenze, e qualche volta non introducono la sua Appellazione dinanzi il Giudice *ad quem*, ed alle volte aspettano d'introdurla verso il fine del tempo, che dura l'istanza della medesima, per poi impetrar la dimidia, e prolungare l'istanza. E volendo Noi, per quanto ci sia fattibile, andare al riparo delle malizie, abbiamo giudicato opportuno ordinare per ora, ed infino a tanto che vengano stabilite le Leggi, che si formano, e dovranno pubblicarsi coll'universale, ed unanime consenso de' popoli, che gli appellanti debbano fra giorni trenta continui dal giorno che hanno deposta dinanzi il Giudice *a quo* la loro

Appellazione, introdurre, ed interporre la medesima, colla interposizione degli Atti, dinanzi il Giudice *ad quem*, esprimendo nell'atto della sua introduzione ed interposizione le cause e motivi dell'aggravio, e lesione, per i quali si sono appellati, e dei quali dovrà darsi copia alla parte avversa nella citazione, che si fa alla medesima, perchè comparisca ad opporre all'Appellazione interposta, dichiarando, che in detta citazione debba ordinarsi, che la parte citata comparisca, o per se stessa o per legittima persona per essa alla prima udienza passati giorni sei dal giorno che li sarà presentata la citazione, per rispondere, ed opporre ciocchè vorrà; nè fuori della detta Udienza, nè per sè, nè per altre persone, che come sopra possano prodursi le sue risposte, ed opposizioni, ordinando al Cancelliere di non riceverle. E fatta come sopra l'introduzione, ed interposizione dell'Appello, debba fra mesi quattro continui dal giorno di detta introduzione, ed interposizione, essere terminata la causa, e resti finita l'istanza, salva sempre a Noi l'autorità di poterla prorogare, o ristaurare, quando ve ne sia legittima causa, da verificarsi sommariamente, citata la parte contraria. E si ordina, che li Giudici d'Appellazione tanto nel procedere, quanto nel giudicare, non debbano avere alcun riguardo alle nullità dei processi, salvo alle seguenti, cioè: — Se il Giudice *a quo* avesse ecceduto la sua autorità; — Se le persone intervenute in giudizio non furono legittime; — Se il Reo non fu citato legittimamente; — Se gli Ordini, e le Sentenze furono fatte senza la dovuta citazione alla parte, contro cui furono fatte; — Se fu giudicato nel termine probatorio, o riprobatorio; — Se fu giudicato finita l'istanza; e se li statuti furono allegati, e non furono osservati. Ed acciocchè alcuno non possa pretendere ignoranza di questa nostra provvisionale determinazione, ordiniamo, che se ne faccia pubblicazione in forma di pubblico Editto, in questa Città nelli luoghi soliti, e se ne trasmetta copia autentica alli Magistrati d'ogni Giurisdizione;

perchè li facciano pubblicare sollecitamente in ogni Parroc-
chia della sua Giurisdizione.

Dato in Corte, questo di 20 Settembre 1763.

GIUSEPPE MARIA MASSESI, *Gran Cancelliere.*


## Paoli al canonico Quilici, di Speloncato

*Sollacarò, 28 ottobre 1763.* — Signor Canonico. Il Sig.
Boswel gentiluomo inglese ha voluto vedere il nostro Paese;
perchè non se ne parta atterrito dalle macchie che ha vedute
in questa Pieve, l'ho consigliato a far un passo per osservare
codesta Provincia. Si porta dunque direttamente a casa
vostra, acciò gli facciate vedere la Provincia e lo riceviate
alla vostra tavola essendo egli fornito delle migliori preroga-
tive, e nostro parzialissimo amico. Lo porterete dunque al
Convento de' Cappuccini e di Aregno, ed almeno alla Rocca
del Bracajo acciò veda il golfo di Calvi, la Pieve di Pino e
Calenzana. Non ho bisogno dirvi altro, perchè conosco la
vostra gentilezza.

Sappiate altronde che egli è amico di vostro padre. Vi saluto e sono.


## Paoli a M. Limperani, a Corte.

*Vescovato, 8 marzo 1764.* — Stimatissimo Signor Compare.
Se pensaste di cacciar castagne, vi esporreste ad esser lapi-

dato sicuramente, tanti sono i bisogni di questi popoli. La Signora Comare, per una fortuna, che io non sapea sperare, ha riscosso quindeci bacini di grano dei trenta, e piaccia a Dio che gli altri quindeci bacini non vadano in Bastia. Spero di essere in breve costì. Frattanto divertitevi come meglio potete. Io oggi, ho fatto una campagnata alla piaggia. Mi son bruciata la faccia dal calore; ma ci ho avuto piacere grande. Il Signor Matteo (1) parte domani mattina. Tutti i miei complimenti a codesti Signori. Vi saluto e sono

## Paoli a M. Limperani

*Vescovato, 19 marzo 1764.* — Stimatissimo Signor Compare. Il Signor Don Carlo Orsini, ed il figlio di maestro Angelo di Lento, prenderebbero, per il lor paese, una gran parte delle vostre castagne, il prezzo delle quali, in grano, o in danari, vi porterebbero a casa. Con questo di più: che il grano di Lento è della miglior qualità che vi sia nel Regno. Quello che questi vi promettono, siate sicuro che non vi mancheranno in punto alcuno. Ve li raccomando, e vi saluto e sono.

## Paoli a M. Limperani

*Vescovato, 29 marzo 1764.* — Stimatissimo Signor Compare. È fuor di dubbio che nove prigionieri genovesi il giorno

(1) Matteo Buttafoco.

stavano nel salone sottano. Li coltelli, dubito che non li abbiate trovati, poichè maestro Tomè assicurava che tutti aveano il suo, col quale disegnavano rompere la muraglia che separa il corridore dalla cantina di Massesi, indi aprire la porta della cantina, scannare li soldati di guardia, e darsi alla fuga. Che la stampa monti presto, perchè l'abate Rostini non trovi pretesti. Fortuna se i due chierici non se ne sono scappati.

M. de Valcroissant (1) è di ritorno in Livorno. Dite a Checco che tenga preparate le Corti, perchè danari credo che ne porterà quando si mette a fare questi viaggi così frettolosi. Di chiacchiere poi, se ne volete comprare, ne aurà per tutti. Vi saluto e sono.

## Paoli a Colonna d'Istria Francesco Maria a Bicchisà

*Corte, 18 giugno 1764.* — Stimatissimo Signor Francesco Maria. Sono infinitamente tenuto alla di lei attenzione e zelo in ragguagliarmi in assenza di suo Sig. Padre. Io voglio sperare che li susurroni conoscendosi meglio abbandoneranno il pazzo impegno; nondimeno è sempre bene vegliare sopra i di loro andamenti acciò non abbiano ad intorbidare la pace che ora gode codesta giurisdizione, e da canto mio non mancherò della necessaria sollecitudine per questo oggetto.

---

(1) Valcroissant s'était rendu auprès de Paoli avec la mission de lui offrir le grade de colonel dans l'armée française. On sait comment il fut évincé dans sa tentative par Paoli, qui lui dit : « Sachez que lorsque je n'aurai plus un morceau de pain à mettre sous la dent, au lieu de vendre ma patrie, je me réfugierai dans un froc : *Mi farò frate.* » Allez corrompre des hommes qui se contentent d'un froc.

Monsignor Visitatore, avendo ottenuta una gita di quattro mesi per andar in Roma a curarsi del suo male, è partito il giorno 14 sopra due feluche napolitane. Sono andati in suo accompagnamento i principali di Campoloro, ed egli è restato contentissimo delle finezze che gli sono state fatte in questa occasione. Ha lasciato in qualità di suo Vicario generale il Pre Tommaso Struzzieri, suo Teologo. In caso che non guarisca, il Santo Padre assicura di un altro pronto ed equivalente rimedio per supplire a tutti li bisogni spirituali della Nazione.

Francesi non ne verranno più, perchè gl'Inglesi s'oppongono. Frattanto un Cavaliere Francese viaggiatore è notato in Centuri li giorni scorsi, e suppongo che verrà qui ancora.

Si continua a batter San Fiorenzo, dove si sono poste tante batterie che il golfo resta tutto incrociato dalli nostri cannoni, e bastimenti non ve ne possono penetrare.

I miei saluti al suo Signor Padre. Sono.


## Paoli a Paoli Paolo Maria, di Fozzano

*Corte, li 3 luglio 1764.* — Stimatissimo Signor Paolo Maria Paoli. Li Capicorsini verranno a fare i caricamenti di biade a codeste spiaggie colle bandiere franche; il primo bastimento credo che sarà la barca di Morsiglia, comandato dal capitano Andrea Galloni, Toscano. State attento che non gli facciano mormorj sopra il prezzo. I poveri Capicorsini si meritano tutto il riguardo della Regione, essendochè essi soli sostengono tutto il peso della guerra presente. Parlate a mio nome, ed in loro favore con codesti Signori del Paese e della Pieve, mentre sarà un gran comodo per codesti posti se i Capicorsini, trovandoci qualche utili, principiano a fare il loro commercio. Tutto vostro..

## Paoli all'abbate Bozio, a Furiani

*Corte, 7 gennaro 1765.* — Stimatissimo Signor Abbate Bozio. Ho ricevuto la vostra lettera dei ventotto del mese passato. Il Comandante Francese portava una degna guardia quando era scortato dai banditi, ed è questa una buona apertura per fissare la confidenza.

Voi avete risposto bene quando avete troncata la speranza al corteggio che voleano aprire. Vedrei con piacere il Signor Filippo. Io stavo per scrivergli in freccia. Ma giacchè lo state aspettando a momenti, gli darò a bocca la risposta. Francardo porta una lettera degli ufficiali e gli ho detto che non porti altra cosa, e non gli tornerà conto se i fucilieri costì faranno il loro dovere.

Continuate a tener serrati i passi, e raddoppiate la vostra attenzione per il presidio, specialmente quando sarà nel di là da' monti per dove parto lunedì mattina. Ragguagliatemi continuamente di quello che riceverete dalla Bastia, e di quella che andrà accadendo.

Vi prego de' miei complimenti a Madama. Vi saluto e sono.

# Gli abitanti di Calenzana al Magistrato di Balagna

*Calenzana, 19 marzo 1765.* — Nell'ultima generale Consulta ha fatto il pubblico agli uomini di Niolo un'autentica testimonianza della loro indisciplinatezza, e mala inclinazione, mentre ai reclami di tutti i popoli de' quali ciascuno gli voleva esclusi dalle loro rispettive giurisdizioni e provincie, il Supremo Governo, per eccesso di benignità, con lettera o sia grida in data de' 16 luglio prossimo passato, permise che gli uomini sudetti di Niolo potessero introdursi, co' loro bestiami, nelle rispettive provincie, ma che però dovessero prima deporre le armi in mano del capitano d'armi del paese più vicino, e dare idonea sicurtà in persona della stessa provincia che si obblighi di pagare tutti i danni che da loro si commettessero, e quelli che seguissero in vicinanza de' loro stazzi, e che sia responsabile per tutti i disordini che detti pastori, ed uomini di Niolo, commettessero durante la di loro dimora in provincia.

Se uno stabilmento sì necessario si fosse fatto eseguire a quegli uomini di Niolo che albergano nei stazzi di Conca, Balia di Volta, Chiomi, Prozuna, Filosorma, luoghi tutti della provincia e giurisdizione di Balagna, come è indubitabile, che devono dirsi confini della pieve d'Olmia, non v'è dubbio che il popolo di Calenzana non aurebbe sofferti quanti danni ha patiti, che ascenderanno alla somma di circa 4, o 5,000 lire, e tanto meno gli detti uomini di Niolo avrebbero avuto l'animosità e sfrontatezza d'opporre la forza alle armi pubbliche di quella gente, che fu spedita dai Signori Delegati di V. S. M. con piena autorità di provvedere sul ricorso fatto dagli uomini di Calenzana, che richiedevano braccio e forza contro i sudetti dannificatori, cosa che non dovrebbe restare impunita, mentre sarebbe il danno della roba, del sangue e della gente di Calenzana. L'affronto però è del Governo della provincia e di tutto il pubblico.

Questo però si lascia al pensiero di V. S. M. non agognando gli uomini di Calenzana al risentimento ed alla vendetta, ma solo alla sicurezza della loro vita e sostanze, per provvedere alla quale, e per necessaria loro difesa, si vedono nella dura necessità di stare sempre sulle armi, fino a che poi si veda a puntino eseguita, riguardo ai Niolini che albergano ne' sudetti luoghi e simili, la grida, o sia lettere del Supremo Governo, cioè, che depositino tutte le loro armi nelle mani d'un capitano d'un qualche paese della provincia, e diano sicurtà idonea in persona della stessa provincia, che si obblighi in tutto, a tenore di detta grida, ed anco più dare ostaggi dei più qualificati fra detti uomini di Niolo, che albergano come di sopra.

Nè possono più fidarsi dalla semplice parola e promessa de' Niolinchi, da che hanno visto che, anco dopo la parola data al Signor Santo Girolami di Montemaggiore, espresso di V. S. M., con ordine d'imporre ai Calenzaninchi il ritiro, sicome fu eseguito di subito, ed ottenere dagli uomini di Niolo suddetti la parola e promessa di cessare da ogni ostilità, tuttavia anco dopo di questo, non hanno cessato i sudetti Niolinchi d'incrudelire più che mai nelle persone e nella roba, uccidendo bestiami, incendiando alveari, bruciando pagliai e case di campagna, sebbene nè pure l'esecuzione esatta di detta grida sarà bastevole per rimediare ai disordini, se non si va alla radice del male.

Sono l'origine di tanta discordia i grandi danni seguiti alla gente di Calenzana, e la differenza circa i confini. Ciò diciferato, cesserà senza fallo ogni inconveniente, ed a questo subitamente devono mettere mano Le S. V, M., non potendosi dubitare che il foro sia il più competente per questa controversia, mentre ed i delinquenti ed i delitti, ed i luoghi e siti contraversi, non può negarsi che non siano sotto la giurisdizione della Balagna, ciò che, senza altra disputa, le Loro S. M. hanno bene conosciuto nell'occasione delle ostilità poc' anzi seguite, alle quali non è già accorso il Magistrato di Niolo, o d'altra provincia, ma bensì il Magistrato della Balagna, cioè *de rationes delicti et rationes rei sit*, ambedue giuste ragioni a fare il foro competente, e potrà anche aggiungersi la ragione del domicilio, abitando i sudetti uomini di Niolo ognuno la maggior parte dell'anno in detti luoghi e siti del distretto e giurisdizione di questa provincia, siccome però la natura della causa sommaria de' confini esige celerità, tanto più nel nostro caso in cui tanto maggiore è il pericolo. Per ottenere l'intento si propone, se giudicassero bene le S. V. M. di ordinare a quelli che si aspettano a questo tribunale degli uomini di Niolo che, fra il termine di tutto il corrente gennaro, debbano aver prodotto gli atti e nel tribunale le loro pretensioni e ragioni, e che lascino fra questi paesi un procuratore munito della necessaria facoltà per ricevere o sentire gli ordini e provvigioni che si faranno, altrimente le citazioni e provvigioni che si faranno, saranno affisse alla porta del pubblico palazzo della residenza, e sarà come se fosse intimato in persona di ciascheduno degli interessati.

Che se si rilevasse che quelli che attualmente saranno nei luoghi controversi non hanno autorità di far procuratore e beneficare per tutta la pieve di Niolo, si risponde essere questo un pretesto per islungare la causa fino a che vengano i mesi del loro ritiro da questi luoghi; mentre, se si esibiscono a bonificare nel criminale per tutta la pieve, molto più potranno bonificare nel civile.

Si aggiunge, che gli uomini di Calenzana si contentano che bonifichino per quelli soli che, attualmente in quest'anno, svernano in questi luoghi. Per altri poi che vi volessero aver interesse non auranno dalle presenti provvigioni, nè utile, nè pregiudizio, e non litigando i sudetti colla pieve, ma con quelli solo che molestano i confini. Si suggerisce inoltre che frattanto potrebbe da V. S. M. fissarsi termine divisorio entro il quale debbano contenersi gli uomini di Niolo e di Calenzana fino a che dura la lite e processo della controversia predetta, senza pregiudizio delle ragioni delle parti e acciò che la troppo vicinanza non cagioni troppo suggezione essendo pur troppo per il sangue sparso *hinc inde.*

GIUSEPPE MARIA LUDOVICI; GIUSEPPE MARIA MORINI,
*PP. del Comune.*

# Paoli all'abate Bozio, a Furiani

*Corti, 23 febbraro 1765.* — Questo è il secondo errore che scorgo nella vostra condotta dopo l'arrivo de' Francesi, ed è non meno badiale del primo. Obbligaste all'ora il Governo a dare una risposta che dovea farne di meno, che vi obbligava ad esibirvi di dare la risposta che ne avreste avuto, quando voi potevate uscirne dicendo, che quel che facevate, lo facevate in esecuzione degli ordini pubblici. Al più, potevate far vedere ragionevoli e giusti tali ordini, protestandovi che, finchè non ne aureste avuto in contrario, dovevate eseguire quelli che avevate digià avuti. Ora poi dovevate rispondere che non potevate permettere il passo al sergente prima che non vi fosse venuto, per il medesimo, passaporto, atteso chè la vostra giurisdizione non si estende più di codesto Presidio. Dovevate bensì offrirvi pronto di far cautamente pervenire a me la lettera del Conte Francese.

E via *recedant vetera....* Più cauto in appresso. I miei complimenti alla Signora. Vi saluto.

# Paoli a......

*1765.* — Vi ho scritto per aver da voi sicura notizia se li Francesi vengono in Corsica. Da Genova mandano a dire essere impediti dagli Inglesi e che più non passeranno in Corsica. Ora l'uscir da questa incertezza mi preme assai.

Scrivo ostensibilmente per il libro delle Instituzioni dell'Università di Sassari.

Vorrei sapere cosa hanno risposto alla mia memoria risponsiva a quella della Reggenza rimessa al capitano Santi. Abbiamo disarmato la barca per dar luogo al trasporto di...... Si travagliava al canotto assai più utile. Fate presto per il pinco, il quale unito al canotto che porta un cannone da 30, potrà far il fatto nostro. Le spese si pagheranno. Avvertitemi a tempo se vi è sospetto di rottura di pace fra le potenze. Addio, amico.

# Paoli a Salvini

*Corte, 25 febbraio 1765.* — (Manque la première partie).
. . . . . . . . . . quale alla prima notizia che n'ebbe, dimostrò di non poterla credere, avendo più buona opinione della prudenza del Signor de La Tourdupin, che poi non avrebbe mancato di proveder egli stesso. Vedremo ora se lo farà. Il Signor de La Tourdupin trema della Gazetta; una mortificazione è necessaria a questo giovinetto. M. de Marbeuf jeri mi mandò un sargente de' Granatieri con

una lettera sua domandandomi spiegazione perchè facevo continuare la ristrettezza del commercio dopo le sicurezze che lui mi avea date, che le istruzioni del suo Re non erano di metter torbidi nella nazione, e si lagnava che il comandante di Furiani, dietro il posto di Sansonetti, avesse arrestati alcuni paesani che andavano in Bastia, ed attaccava il Consiglio che in mia assenza avea approvata la condotta del comandante di Furiani; credo avergli risposto a proposito, giustificando l'approvazione di questi signori, e facendogli vedere che le cagioni della ristrettezza del commercio niente hanno che fare, e sono di lor natura appropriate alla posizione attuale che abbiamo colle truppe francesi. Circa poi alle sicurezze datemi, gli ho toccato con grazia che qualche volta la Corte di Francia, non approva quelle che fa dare dai suoi Comandanti, che oltre a ciò alcuni articoli del trattato non lasciavano riposar quieti questi popoli sopra tali sicurezze. Io mi attendo a qualche altra replica, tanto più che ingenuamente gli ho confessato che ancor io vedeva la forzata situazione degli affari, e che perciò ero impaziente dei riscontri della Corte, sperando che mi avrebbero data apertura di fissargli sopra miglior piede. Si cominciano a toccare le corde maestre, onde fra poco si vedrà qual sono dia l'istrumento. Io per essere più a portata di ricevere riscontri farò una scesa in Nebbio, verso il fine dell'entrata settimana.

Vi saluto e sono, vostro affezionatissimo amico.

## Rivarola a Paoli

*13 luglio 1765.* — Non voglio con questa occasione lasciar di scrivervi per parlarvi di affari che doveano esservi costì comunicati. Murat, che è qui venuto e che a voi disse che dovevo io scrivervi, ora vuole da me consiglio in ciò che deve prenderlo da voi. Non so cosa pensar di questo uomo. Se le lettere che ha non sono nate dalle sue cabale, parrebbe che avesse buone amicizie ; ma se bado a ciò che sento di lui da più d'uno, non saprei ripromettermi molto. Egli vuole che io gli dica se deve seguitare il trattato che ha intrapreso ; ma io gli rispondo di scrivere a voi. Mi ha prima detto di non volerlo fare che per mezzo mio ; ma poi ora mi dice che manda il suo servitorino ; onde meglio da lui sentirete sul suo disegno. Se un Principe, come egli dice, ricco e potente volesse stabilirsi nel Regno a governarci, colle leggi puramente nostre, non lo vedrei neppure io fuor di proposito, quando però da altra parte non vedessimo effettuabile così presto la nostra liberazione intiera e senza dipendere da alcuno, mentre questo, secondo me, sarebbe la maggior fortuna per noi. In tutto ciò per altro io mi rapporto al savio vostro pensare che siete sul luogo, e che assai meglio di me conoscete i genj, e vedete lo stato delle cose. Ho piacere che s'indirizzi a voi, mentre io non avrei saputo mai e po' mai qual risposta dargli, essendo 25 anni che manco dal Regno, ne conoscendo più qual...

Non sto a farvi delle riflessioni sul suo progetto, perchè nè sarei al caso, nè mi scarterei mai da quel che giudiziosamente potete far voi, che sulla faccia del luogo, conoscete i genj ed avete per la Patria amore quanto qualunque altro ; vi scrivo solamente ciò per illuminarvi sul soggetto, se mai vi leggeste qualche cosa che non vi leggo io.

Egli mi ha parlato oggi di un certo Signor Zanobi Paoli di Firenze, dicendomi che è qui, e desidera passare in Corsica a lavorare nella Zecca. Quest'uomo, valente nella sua professione, è noto a tutta l'Italia, ed io ne avevo cognizione fin dal tempo della riduzione delle monete in Piemonte, avendo egli il Zecchiero di Torino e quel di Milano lavorato assieme a diverse replicate esperienze in Torino, che si leggono su un libro dato alle stampe dal Signor Presidente Pompeo Neri. Ho anche sentito parlare a Firenze di lui molto e soprattutto del torto fattogli in essa città. Sicchè, se mai aveste bisogno d'un abile soggetto per cotesta zecca, basterebbe che me ne daste un cenno, che io lo farei cercare per parlargli, o fargli parlare. Sento che viene ora di fresco da Malta, ove ha lasciato varj cunei per quella Zecca, i quali era stato chiamato per dare. Non è possibile che ancor voi non abbiate mai sentito parlar di lui. Non ho oggi altro a dirvi.

Capitan Santo ricevè ieri lettere di Suzzoni e Virgitti. Vi scrive da sè, e vorrebbe che voi faceste arrestare i due birboni, farli lavorare finchè sia tutto portato alla perfezione, e poichè cedono le lor ragioni validamente, e non colla fuga, che egli troverà degli altri a rimpiazzarli.

## Paoli a M. Limperani

*Orezza, 3 agosto 1765.* — Stimatissimo Signor Compare. D'ora in avanti voglio sperare che anderanno con miglior concerto le cose alli scali. Io parto domani ; starò la sera in Rostino, l'altra in Corti. Ho piacere che M. Pironde si porti a trovarvi costì ; conosceranno con l'esperienza la differenza che passa fra le famiglie che restarono colla Patria, e quelle che, o si fermarono nella servitù, o nell'impiego di sbirri.

Il vostro letto buono lasciatelo nella camera dove si trova ; per levare la soggezione all'ospite ed alle Signore, farete serrar bene la porta di comunicazione. Il di lei servo lo potrete loggiare nel burdicotto, il quale è molto a portata della camera del letto. Se ci aveste qualche giovine pulito, potreste assegnarglielo per servirlo. Il costume dei popoli di

Francia, e delle altre nazioni, che si somigliano, queste incombenze le assegna alli servi non sinodali scelti. Questa sorte di gente serve con miglior grazia gli uomini, siccome le Dame si trovano più soddisfatte del servizio dei camerieri.

Ho piacere che la congiuntura porti ad esserci ancora la Signora Paula Felice (1). La natura gli dette dello spirito; seppe ben coltivarglielo l'educazione. L'acqua acetosa gli ha renduto il colore, e gli ha lasciato soltanto di pallido quanto convenga ad una tenera vedovella che ancor risente la perdita d'un amabile consorte. La gentilissima Signora Comare, che alle grazie del sesso, unisce la sincerità di tutti li galant'uomini uniti insieme, spero che ne farà sentir qualcheduna al Francese; e ad ogni buon fine, se mai gli venisse la voglia di mandarlo al paese dei B...... ditegli che, per compiacenza ai dritti d'ospitalità, lo mandi più presto nei Regni delli F..... tanto più che i Francesi non sono ancora arrivati in questo alla finezza del gusto italiano. Mangiatevi poi un buon rosto di vitella, de' famosi pernicotti e trote di Fiumalto, ma guardatevi bene di finir la razza di quelli famosi piccioni, cugini carnali delli capponi. Prego la Signora Comare ad aver buon cuore al suo devotissimo Compare. Voi, venite accompagnato, perchè li banditi sono in campagna al soldo della Repubblica, e coll'istruzione di far man bassa. Vi saluto, e sono.

---

(1) Paula Felice, sœur d'Anna Dea; elle fut successivement épouse de Francesco Matteo Limperani, du chevalier Baldassare de Furiani et de Bozio, membre de la Convention.

# Paoli a Ceccaldi (1)

*Corte, 23 agosto 1765.* — Signor Andrea. Finalmente siete divenuto padre, e padre di un figlio, che, alla sua prima comparsa, è pieno di vigore, di salute, e dà le migliori speranze del mondo. Io vi prego passarne i miei complimenti di congratulazione alla Signora Giulia Mattea. Dicono che somiglia a voi; ma credo che con questo vogliono esprimere che ha quell'aria brusca e robusta, non che mostri una statura breve e raccorciata come la vostra di un Tabinambiè. Oltre a ciò mi hanno detto che le manine gentili del fanciullo non hanno alcuna disposizione naturale a tirar le orecchie allo sbirro di coppe; affermano bensì che mostra fin d'ora una certa scioltezza di lingua, per cui vi è luogo a credere che, a somiglianza del padre putativo, non saprà risparmiare i difetti degl'infingardi poco accorti, ma che al contrario stimolerà i buoni al lor dovere; in conseguenza di che mi dicono la prima volta che lo baciaste, che con la tenera manina vi fece segno della partenza per il di là da monti, indicandone quasi il giorno, mentre stese tutte cinque le dita dell'altra come per significare i cinque dell'entrante. Potrebbe essere che abbia voluto dire andatevene, e per cinque giorni non venite più a casa: di voi non ce n'è bisogno: i dolori che ha sofferti la Signora Madre sono dissipati al primo bacio che mi dette; ma pure quando ella vi vede accostarglisi con quei vostri occhi scintillanti e pinzuti, che sembrano quelli di un

(1) Les lettres adressées à Ceccaldi nous ont été communiquées par M. l'avocat Franceschetti.

satiro, che stia in agguato per attrappare e render docile alle
sue voglie, colla forza delle braccia e de' ginocchi, qualche
povera ninfa, troppo si ricorda degl'incomodi sofferti ; e
siccome è piena di modestia e di moderazione, non si porta
così facilmente a sperare che con voi Le sia fattibile darmi
presto un altro fratelluccio ; così essa, per un mezzo anno
almeno, si passerà di voi ben volontieri. Dunque, caro Signor
Andrea, preparate un bel cavallo, un abito di estate e l'altro
d'inverno, danari in saccoccia e una balla di carte per passare
l'ozio nella nostra manica. Sopra degli altri affari di cui mi
scrivete, si parlerà meglio qui dove potrete venire col Signor
Matteo. Vi saluto e sono il vostro affezionatissimo.

## Paoli al canonico Quilici, a Speloncato

*Corte, 25 agosto 1765*. — Stimatissimo Signor Canonico
Quilici. Mi rallegro del felice arrivo del Signor canonico Quilici e de' di lui confratelli canonici ; canteranno il *Te Deum*
per il privileggio che hanno ottenuto di non poter mai andare
a studiarsi un *cujusce*.

Lasciatevi vedere. Vi saluto e sono.

## Paoli a Ceccaldi Andrea

*Corte, 5 settembre 1765*. — Stimatissimo Signor Andrea.
Se dopo l'aura molle che avete respirato in Bastia, vi è più
restata alcuna sorte di voglia di passare nel di là da' monti,

la partenza è fissata alli 20. Portate qualche paro di uomini, ma capaci per fare il servizio. Fate comune la lettera a Checco (1), ma ditegli che non pretendo di rompergli l'impegno che possa aver preso per le vendemmie; a suo tempo poi ascolterete tutti una comedia di trecento sessanta sei scene, corrispondente ogn'una a un giorno dell'anno.

Era meglio che, arrivati sopra il ponte di Golo, vi foste fatti gettare nell'onda. Pur nondimeno vi saluto.

## Paoli a Ceccaldi Andrea

*Isola Rossa, 21 aprile 1766.* — Stimatissimo Signor Andrea. Monsignor Visitatore è passato in Pieve di Pino; onde non tardate di portarvi colà. Io non vi faccio la lettera di raccomandazione che bramate, perchè non ne avete di bisogno, e perchè in Cause Civili, una certa delicatezza me lo impedisce; ma per affrettare la spedizione della vostra causa, raccomandatevi al Signor Dr Clemente, che farà ogni possibile. Io partirò da qui alla volta di Corte, sabato o domenica. Vi saluto e sono.

I miei complimenti a Mons. Visitatore.

## Paoli a M. Limperani

*Orezza, li 2 agosto 1766.* — Stimatissimo Signor compare. Non ho dubbio che li figliuoli di Maestro Lonardo, coll'uso

---

(1) Gafforj.

ordinario degli esponenti non abbiano posto falsità nel loro memoriale. Quindi fate ciò che giudicate a proposito sopra di loro. Certuni, quando non si possono ammazzare, bisogna dissimularli, e fingere d'accarezzarli; è presumibile però che non si rendano baldanzosi a commettere altri contrabbandi.

Sopra Capicorsini, non so che dirvi; se la Pieve può cacciare cosa alcuna, si dia ad essi, ed assicurassi pure; chi porterà grano per la sementa, aurà fave, lupini, grano, granone e castagne in cambio, come desiderano. Vi saluto e sono.....

P. S. — Fate comuni questi miei sentimenti all'altri Signori, se bisogna.


# Paoli a M. Ceccaldi


*Corte, 21 settembre, 1766.* — Stimatissimo amico. Viva Caporale, quando principia ad aver figliuoli maschi uno appresso all'altro. Io ve ne faccio i miei complimenti, e voi, glorioso e trionfante della bella prova che avete fatto, li farete gradire ancora alla Signora Giulia Mattea (1), vostra degnissima ed amabile consorte. Principiatevi adesso ad insinuargli il Patriottismo, e quella nobile franchezza di pensare e di dire, che tanto vi allontana dalla ventresciatura. Quando poi sarò costì, si parlerà del resto ; ma bisogna prima che da Monterotondo la neve mandi i suoi scongiuri contro le febbri terzane, le quali sento che abbiano assediato già il paese, occupato tutta la Pieve, e che da' Cappuccini vi battono in breccia. Su di che gli Oretacci fanno la novena alla loro Madonna. Sono.

---

(1) Giulia Mattea était fille de général Gian Pietro Gafforj.

# Paoli a M. Limperani

*Corte, 3 ottobre 1766.* — Ho ricevuto la vostra lettera con quelle che vi erano dentro concernenti gli interessi della quarantena con la Toscana, e credo che si accomederanno con nostro vantaggio. Genovesi sono inquieti per Finale, oltre di Sanremo. Vi saluto e sono.

*P. S.* — Per rinfrescare la memoria, vi ricordo il latro di Bigorno, l'assassino di Canachia (1), e quello inumano di Gavignani che ammazzò l'Alfier Rostino, a sangue freddo, ed a colpi d'accetta, benchè dal medesimo fosse stato allevato. Quel poveraccio gli diceva : « che t'ho fatto io, » e gli domandava pietà con i paternostri alla mano.

Se quest'uomo non si impicca, io vi prometto in Consulta di far un cattivo elogio a voi ed ai vostri collega, essendo una vergogna che un mostro di tale sorte resti tranquillo a casa sua, facendo il pastore, senza aver minimo sospetto ; e poi cosa diranno gli altri paesi quando vedranno Giovan Carlo (2) andare in cerca d'altri banditi. Diranno : il più infame di tutta la Corsica non lo cercate, perchè è rustininco, e per questo, i delitti e l'infamia accrescono in quella Pieve. Videro impunito quello di Gavignani, e successe quello di Vignale. Se mai questo infame avesse staccato qualche salvo condotto, badate che è surrettizio, poichè ho sempre scacciato, *sempre,* da me chi ha ardito di parlarmene. Attualmente egli è pastore del mio nepote Franchino (3), ed io dissi

---

(1) Hameau de Campile.
(2) Le fameux Gian Carlo Saliceti.
(3) Franchino était le mari de Minnia, sœur du Ministre Saliceti.

al Sergente di Rostino che si ritrovava alla testa della guardia : pensa tu a farlo cadere in mano. Vi scrivo con tanto calore di questo fatto, perchè so che se ne mormora nella giurisdizione, ed io a bon conto voglio liberarmi dalla critica ; e voi mi conoscete che non la perdono a nessuno, ed in congiuntura la broda cascherà sopra del Magistrato. C'intendiamo, Compà ; questo è il parlar chiaro, schietto e netto.

## Paoli a Burnaby (1)

*Corte, 4 ottobre 1766.* — Stimatissimo Signore. La persecuzione che mi scrive soffrire dopo il suo ritorno da questo paese sempre più mi prova la bontà del di lei cuore portato a sostener la causa degli oppressi. Pur troppo hanno bisogno questi popoli di chi gli metta in buona vista del publico, che finora, niente compassionando il loro stato deplorabile, quasi gli credea di un'altra specie, degni soltanto di odio e di disprezzo. Se codesti Signori intieramente si attengono alle di lei relazioni, senza fallo possiamo ripromelterci di molti nuovi amici ; ma dubito molto che non entrino in sospetto della troppo grande di lei parzialità. Perciò se le paresse potrebbe esagerar le ragioni che ci hanno dato Genovesi di scuoter il loro giogo, a far valere il zelante nostro desiderio di formare i nostri costumi contemporaneamente alle leggi della nostra libertà ! Questo è vero ; il di più ci farà arrossire. Ricevei finalmente il passato mese la lettera del Signor Boswel, il di cui sigillo era stato rotto : in caso che il me-

(1) Burnaby, ministre anglican, a été le dépositaire testamentaire de Paoli. Les lettres que Paoli lui a adressées ont été publiées à Londres en 1804.

desimo, oppure qualche altro buon affetto della Gran Brettagna per le nostre cose mi scrivesse, prevengo codesto Signor Console sopra le cautele che deve prender per farmi pervenir sicuramente le lettere. La curiosità o gl'interessi in queste circostanze si credono permesse molte libertà.

Se non ho potuto riavere il discorso del Signor Pitt sopra la cassazione della carta bollata per le colonie di America, spero che potrà mandarmene qualche altro che quel Signore potrà fare nella nuova carica di ministro per mettere all'erto la ragion dello Stato, e la politica nazionale Inglese. Questo Signore, quantunque filosofo, si decanta da per tutto che darà moto ad una nuova guerra; dicesi ch'Egli vede di mal occhio che una potenza emula antica della Gran Brettagna e superiore alla medesima per le forze di terra, procuri ora aumentar la sua marina a tal segno di contrastargli l'impero del mare, e con ciò impone agl'Inglesi la necessità di mantener continuamente un'Armata in piede e fabbricar fortezze con tanta apprensione della lor libertà. I Gazettieri sono ora oziosi e, per empire i loro fogli, mettono spesso in bocca di gran ministri massime e progetti forse diametralmente opposti a quelli che ora fanno le loro applicazioni. L'essere il Signor Pitt divenuto Conte gli avrà sicuramente diminuita gran parte della confidenza del popolo, ma può averne guadagnata a proporzione nell'animo del Re, e con questo equilibrio potrebbe meglio e più facilmente servire la sua patria. In ricompensa delle gazette corse, che le saranno rimesse, vorrei che si prendesse la pena di farmi avere quelle della Gran Brettagna ed i scritti periodici che corrono in Londra; volontieri m'associerei.

Avrà inteso che, per castigare l'insolenza de'Bonifazini che, in faccia al ravvedimento di tutti gli altri presidiani ancora si dicono colonia Genovese, il maggior della provincia della Rocca fece un'improvvisa irruzione nel territorio di Bonifacio per saccheggiarlo e devastarlo; che il commissario Genovese

fece fare una sortita generale alla sua Guarnigione con molti
di quei presidiani, e che dalli Rocchisciani furono respinti
subito, e gli ammazzarono un Uffiziale, un Caporione di Bonifacio con molti altri volgari o comuni, e gli fecero da otto
prigionieri : de' nostri restò morto uno dal fuoco de' rempari
della fortezza ed un ferito nella mischia. A tal notizia da
Genova spedirono 50 uomini di rinforzo sopra due galere col
soccorso di 150 sacchi di farina, e 4,000 lire contanti. Poco
fastidio può aver recato questa piccola scena, ma acciò di-
venga sensibile e noiosa a' Genovesi pensarono li Rocchisani
a moltiplicarne le occasioni. Queste sono ora tutte le notizie
che posso darle di Corsica.

Mi conservi il suo amore e mi consideri per suo devotissimo ed obbligatissimo servo ed amico.

## Paoli a Burnaby

*Patrimonio, 5 decembre 1766.* — Stimatissimo Signore.
Dal Signor abbate Gili ho ricevuti li 7 tomi dell'Annuale
Registro, ne' quali anche le cose del gran mondo sono poste
in un aspetto, che concilia attenzione ; e nelle cose particolari della Gran Brettagna spero ritrovarvi de' documenti per
la nascente combattuta libertà della mia patria. Per questi
libri e per l'incomodo che vuol prendersi di mandarmi la
Gazetta, la prego di far presenti li miei più sinceri ringraziamenti al Signor Dick, e colla di lei gentile ed obligante
maniera fargli anche gradire per contrassegno di amicizia due
mufri maschio e femina, ed un cignaletto, che gli presenterà
il Signor abbate Gili.

Non ho veduta la *Gazzetta di Bologna* concernente il conte

Vasco : per quel che a me si appartiene, glie ne dirò breve-
mente il tutto. Il mese di giugno dell'anno passato si presentò da me in Murato, paese di questa provincia, un piemon-
tese, che si annunciò sotto il nome di Veremondo Calva con
una lettera di raccommandazione di un nostro ragguardevole
connazionale, che mi pregava di ascoltarlo. Gli detti subito
udienza ; ed egli mi rimise una lettera anonima assai obbligante, e piena di zelo per la libertà di questi popoli, con un
abbozzo di legislazione per i medesimi, nel quale vi era
qualche cosa che poteva essere applicabile alle nostre circostanze. Gli domandai il nome del Galantuomo, che per noi
tanto si interessava ; ed egli me ne fece vedere un piccolo
ritratto giojellato dicendomi : Questi è il Conte Vasco del
Monduè, che volontieri prenderebbe sopra di sè di fare la
fortuna di questo regno quando egli ne fosse chiamato, e
prescelto per Re. Provata non poca difficoltà per impedirmi
un violente scoppio di risa, in udire questa straordinaria im-
basciata, mi posi ad osservare con attenzione la copia per
vedere se in essa traluceva il trasporto della immaginazione
riscaldata dell'originale ; indi con aria burlesca gli replicai :
Il Signor Conte del Monduè, vedo che, avendo talenti non
mediocri, ha ancora un gran cuore, che lo porta a cose
grandi ; ma tutto questo non è bastante, perchè egli possa
ragionevolmente sperare qualche buon successo al suo desiderio. Rispose egli allora : Sarà sostenuto dagli Inglesi.
A questa risposta entrai nel dubbio, che quest'uomo fosse un
mandatario di qualche Corte, incaricato di scoprire le mie
intenzioni ; è questa una vessazione, che soffro da molto
tempo. Forse qualche potenza vede di mal' occhio la libertà
di questa nazione, e vorrebbe continuamente aver pretesti per
giustificare la propria interessata sollecitudine per gli avveni-
menti di questo regno. Quindi stimai bene soggiungergli : Vi
avverto per vostra cautela di non comunicare ad altri l'oggetto della vostra missione. Direte poi al Conte Vasco, che il

sistema di governo, sotto cui vivono questi popoli e le circostanze presenti delle nostre cose sono diametralmente opposte e diverse da quelle che consigliarono i miei antecessori, di ricevere, e far apprendere al nostro allora abbattuto popolo il famoso Teodoro, come un personaggio, sotto il di cui nome molte potenze voleano efficacemente concorrere a liberarlo dalla schiavitù de' Genovesi. Se poi il Conte Vasco, guidato più presto dallo spirito di filosofia, che da una mal fondata ambizione di regnare, vuol continuare ad interessarsi, per il bene di questa nazione, e co'lumi che potrà suggerirmi per il piano delle sue leggi, o col procacciarle qualche possente assistenza, io in mio particolare ed anche a nome della medesima nazione, glie ne sarò obbligato. Avuta questa risposta il Veremondo Calva se ne partì per Centuri il giorno appresso, dove stette qualche tempo sotto pretesto di attendere occasioni, e riscontri da Livorno per suoi privati affari. Io senza più badare a Lui risposi all'amico, che me lo avea raccomandato, che altra volta più non mi mandasse simil sorte di fanatici, ai quali più non sarebbe riuscito di venire ad insultare impunemente il nostro decoro e la nostra libertà. Di fatti molti capi, che erano meco in Murato, ed a' quali communicai la proposizione del Veremondo Calva, che ora in Livorno dicesi Paolo Lanzoni, voleano assolutamente che se gli facesse dare un solennissimo Cavallo in pubblica Piazza per castigarlo così della sua insolenza, e della sua pazzia, e perchè servisse nel tempo stesso di risposta al suo principale, e, ad ogn'altro scervellato, che avesse così trista opinione della ferma risoluzione, in cui sono i Corsi di viver liberi ; e quando ciò gli sia contrastato da forze superiori, di morire colle armi in mano, combattendo fino all'ultimo respiro in difesa della lor libertà. Nient'altro posso dirle relativamente a quel che ora parlasi del Conte Vasco; ed ella, dovendo entrarne con chi si sia in discorso, sostenga pure sul mio onore la verità di questa sincera relazione. Non ho altre notizie a darle del nostro Paese, se non che fra giorni partirà lo Sciabecco comandato dal Conte Peres. Io sono sceso a posta qui per vederlo partire. Ritornerò in Corte verso il fin del mese, dovendosi nell'entrante tenere un congresso secreto. Con i Francesi passasi la solita buona armonia. Quelli che parlano sopra della sorte di questo Paese, e che si credono informati dei maneggi della Francia, e delle disposizioni della repubblica di Genova, assicurano, che questa non vuol aderire ad alcuna proposizione di accomodamento con i Corsi, se essi non desistono dai preliminari che ne avanzarono nel congresso di Casinca, e per la di cui osservanza giurarono solennemente tutti. In tal caso una parte e l'altra di buon ora dovrà prepararsi per ricominciare la Guerra al fine de' quattr'anni. Alcuni però vogliono che la repubblica, sprovvista di uomini e di danari, vedendosi ancora dichiarati nemici i presidiani, che prima faceano tutta la sua forza, pensi al modo di far prolungare la dimora delle truppe francesi in Corsica ; sarebbe questo per lei l'unico ripiego per la circostanza presente. D'altronde la situazione di questo Paese non è così indifferente alla Francia, chè ne debba disprezzare il possesso de' Presidj marittimi in qualunque modo gli venga offerto ; ma se alla Repubblica riuscisse il disegno si potrebbe veramente dire, che la di lei astuzia ha inalzata una bella macchina sopra la debolezza nostra, e la cecità di alcuni altri. Le notizie del gran mondo saranno più precise e circostanziate ; or io la prego contraccambiarmele per le sopradette vociferazioni di questo Paese ; sarà il di lei incomodo un continuato pegno della sua amicizia, e gentilezza. Colla più sincera e perfetta stima sono suo devotissimo ed obbligatissimo servo.

# Paoli al Conte di Rosemberg,
## primo Ministro del Granduca di Toscana.

*Patrimonio, 7 dicembre 1766.* — Eccellenza. Per quanto sincero ed universale sia stato il giubbilo dei popoli di Corsica all'occasione dell'avvenimento al trono granducale della Toscana di S. Cr. T. l'Arciduca Leopoldo d'Austria, e per molto che abbia desiderato il Governo della nazione di farne prima di quest'ora una qualche pubblica dimostrazione, le presenti circostanze però, e l'attuale situazione degli affari del Regno avendogliene tolta la bramata opportunità, l'hanno costretto a contentarsi della sola buona volontà. Io prego l'E. V. di far constare a S. A. T. questo buon desiderio dei Corsi e di farle noti nel tempo stesso i sentimenti del loro parziale rispettoso attaccamento alla di lui Real persona, nella fiducia che un sì magnanimo Principe, in contrassegno del Reale suo gradimento, vorrà loro accordare l'alta sua protezione e benevolenza, essendo questo l'oggetto della Memoria che ho l'onore di compiegarle e che vivamente le raccomando.

Mi sono astenuto di fare in questa memoria un particolar dettaglio dei duri trattamenti praticati finora in Toscana colla mia nazione, e mi sono contentato di solamente accennargli a S. A. T. Questi trattamenti, secondo la maniera di pensare de' Corsi, non convengono meno agli interessi della Toscana che a quelli della lor nazione. Sono di questo genere e la contumacia che si fa tuttora osservare nei porti della Toscana in bastimenti provvisionati dai nostri scali, a differenza di quelli che partono dai Presidj, ai quali si accorda libera pratica, e il divieto di vendere ne' mentovati porti le prede fatte dagli armatori corsi sopra i loro nemici.

È manifesto a chiunque il continuo e libero commercio che vi è ora, tanto per mare che per terra, fra l'interno del Regno ed i Presidj, e sono anche note le diligenze e le precauzioni prese dal governo di Corsica per i riguardi di sanità; ed è perciò che la contumacia a cui si assoggettarono i soli bastimenti provenienti dai scali della nazione non ha alcun reale oggetto fuori di quello che possono dargli gli artifizj della Repubblica di Genova; e se fosse quello, come credono i Corsi, di alienare il lor commercio e la loro inclinazione dalla Toscana, la Repubblica non riesce che troppo bene ne' suoi disegni.

Il divieto di vender le prede nei porti di Toscana, riguardato in sè stesso, non sarebbe di rilevanza, atteso l'infrequenza dei casi e le molte maniere che non mancano ai Corsi di esitare le loro prede; ma perchè questo divieto, riguardando la sola nazione corsa, dà a vedere una parzialità di riguardi e di condiscendenze per la Repubblica, questa circostanza lo rende troppo mortificante per la nazione corsa che non riconosce in sè alcun positivo demerito per essere trattata in Toscana tanto inferiormente alle altre nazioni. Oltre di che, è degna anche di osservazione la varietà del contegno tenuto in questa parte; giacchè alcune di queste prede sono state pubblicamente vendute in Porto-Ferraio per ordine della passata reggenza, ed altre poi ritenute, sebbene sia stata egualmente giustificata la loro legittimità.

Ho però luogo a sperare di veder ora in miglior situazione gli affari della mia nazione riguardo alla Toscana, sul riflesso che, avendo S. A. T. affidata la principale cura degli affari del suo Stato ad un personaggio che ha fatto risplendere la sublimità de' suoi talenti e la superiorità de' suoi lumi in una delle maggiori e più fiorite Corti d'Europa, e si è meritata l'alta stima de' più augusti Sovrani, non saranno più, all'alta penetrazione di un tal ministro, un oggetto d'indifferenza, gli interessi e la vicinanza de' due Stati. Tale è la fiducia che io ho nella bontà e propensione dell'E. V. ed è ugualmente vivo e costante il mio desiderio di coltivare colla Toscana tutti i riguardi della buona corrispondenza e vicinanza. Colla più perfetta stima e venerazione ho l'onore di essere.....

## MEMORIA.

L'avvenimento al trono granducale della Toscana di S. A. T. l'Arciduca Leopoldo d'Austria non ha riempiti soltanto di contentezza e di giubilo i popoli della Toscana suoi sudditi, ma ha eccitata nel tempo stesso la più viva fiducia nel governo di Corsica e di tutta la nazione che un sì giusto e magnanimo principe sul glorioso e, per i Corsi, sempre onorevolissimo esempio della Augustissima Sua Genitrice, vorrà estendere anche sopra di loro gli effetti dell'alta sua beneficenza.

Oltre i motivi che l'A. S. T. potrà rinvenire in se stessa e nei muovimenti del suo magnanimo cuore, confidano i Corsi che potranno anche rimeritargli la Reale bontà e propensione i riguardi dell'antico loro e costante attaccamento alla nazione toscana, e agli interessi de' Reali suoi Principi. Sussistono ancora le memorie degli importanti servigi prestati in diversi tempi al Granducato da molti nazionali Corsi. Non ignora la Toscana l'impegno e l'opera prestata dai Corsi nello stabilimento e nei progressi della Marina e del porto di Livorno; ed è anche degno di qualche considerazione il commercio che vi han sempre fatto, e che avrebbe potuto maggiormente aumentarsi con vantaggio considerabile di entrambe le nazioni, attesa la loro situazione e vicinanza.

Questa antica affezione dei Corsi per la Toscana e questi

4

loro servigi, come avevano guadagnata loro la benevolenza dei
passati Granduchi, e dato luogo alla più perfetta inalterabile
buona corrispondenza fra le due nazioni, non convenendo
agli interessi della città e porto di Genova, nè colle mire
politiche della Repubblica, credono i Corsi che abbiano
eccitata la gelosia ed il risentimento di essa Repubblica nel
disegno da Lei concepito, ed in gran parte eseguito, di distruggere intieramente la marina ed il commercio del Capocorso.

Non possono quindi rammentarsi i Corsi senza rammarico
come l'antica loro inclinazione ed attaccamento alla Toscana
in quest'ultimi tempi e sotto il passato ministero siano stati
troppo mal ricambiati col più duro trattamento usato loro,
senza che ne abbiano essi data alcuna occasione o motivo.
Non è mente del generale di Corsica di tesser qui la disgustosa serie dei contrattempi fatti in Livorno ai nazionali
Corsi ed a tutta la nazione in generale. Egli ha luogo di credere che S. A. T. ne sia stata a quest'ora informata, e che,
per quanto studio siasi potuto usare in diminuire e giustificare l'acerbità del contegno tenuto coi Corsi, avrà niente di-
meno potuto scorgere con quanta parzialità siasi proceduto
in tutti gli incontri colla Repubblica di Genova e a danno
dei Corsi, e nel tempo medesimo che essa Repubblica stu-
diavasi di demeritare in Toscana ogni riguardo co' gravi e
replicati insulti fatti dai suoi armatori al paviglione toscano.

Alle durezze praticate coi Corsi per lo passato è bastante
compenso la presente loro viva fiducia che sotto gli occhi di
un principe egualmente giusto che grande, e di un ministero sommamente saggio ed imparziale, non avranno a pre-
valere in l'avvenire a lor svantaggio gli intrighi e gli artifizj
dei loro nemici, ma che invece S. A. R. degnando la nazione
Corsa dell'alta sua protezione e benevolenza, vorrà accordar-
gli nel tempo stesso il godimento ne' suoi Stati, e specialmente nel porto di Livorno, tutti que' riguardi e privilegj,
che vi godono le altre nazioni amiche, che è il solo oggetto
della presente memoria,

## Paoli a M. Limperani

*Corte, 6 gennaio 1767.* — Stimatissimo Signore Compare. Per impedire vie più i contrabbandi che possono fare in codeste spiagge, mando il Signor Franzini, con dieci soldati, acciò se ne stia col Tenente Agostini. Ve ne prevengo per vostra regola. Vi saluto e sono...

## Paoli a M. Limperani

*Corte, 16 febbraio 1767.* — Illustrissimo Signore. I nostri, come già saprete, sono sbarcati in Capraja. Sarà per ciò bene che senza ritardo alcuno facciate preparar un cento di stare di farina castagnina, perchè da Capocorso manderanno a prenderla. Ma senza ritardo, perchè la Repubblica farà ogni sforzo per quella fortezza, la caduta della quale decide dell'esito di ogni cosa a nostro favore. Se avete gente che voglia arruolarsi, mandatela in Capocorso. Prestezza. Vi saluto e sono.

## Paoli a Burnaby

*Corte, 7 marzo 1767.* — Stimatissimo Signor Burnaby. Devo renderle infinite grazie per la sollecita gentilezza con

cui mi fa pervenire consecutivamente i fogli di Londra, e
per l'impegno che si è preso di far conoscere in parlamento
quanto per tutti i versi disconvenga il proclama, con cui
viene interdetto agli Inglesi di commerciare in Corsica. Le
circostanze mi fanno sperar tutto il buon esito alle di lei
generose premure.

La negoziazione intrapresa, sotto gli auspicj di sua Maestà
Cristianissima, per accomodarci colla repubblica di Genova,
dalli fogli stampati, che le sono stati trasmessi aurà veduto
su qual piede si era pensato proseguirla, e l'esito che ha
avuto, per la ritrosia de' Signori Genovesi. Ad altro più non
deve pensarsi da ambe le parti che alla Guerra. Noi ora
siamo occupati nell'assedio della fortezza di Capraja e nel
Blocco del Presidio di Bonifacio. Nella consulta di maggio
sarà sottoposto alla considerazione del popolo qualche altro
più interessante e generoso progetto ; ma in questo mentre
ella, che ha tanto zelo per la libertà, unisca meco i suoi voti
al Cielo, perchè io possa in quella circostanza annunziare alla
Consulta generale la caduta della fortezza di Capraja ed i
vantaggi, che possono derivarne alla nazione da questa impresa.

Sebbene la decisione delle nostre differenze colla repubblica di Genova siasi voluta da' nostri nemici rimettere alla
cieca sorte delle armi, ed a fatti di mano, pure aurei estrema
curiosità vedere la memoria, che in nostra difesa alle potenze di Europa avea fatta M. Brown, quel forte inglese, che
nauseato della vita, di cui forse non provava più che sentimenti spiacevoli, si è dato ultimamente da se stesso la morte,
ed ha lasciato nel suo portafoglio questo scritto, per far conoscere, che nell'abbandonar volontariamente la società degli
uomini, egli desiderava all'umanità il maggior bene, e bra-
mava di esser utile a quelli che, a costo di tanto sangue,
combattono per la causa comune. Questo scritto deve essere
a notizia di ognuno in Londra ; non le sarà quindi difficile

farmene pervenire una copia. Unirò questo favore a tutti gli
altri, per i quali, pieno di riconoscenza, amore, e stima
dovrò sempre essere suo devotissimo ed obbligatissimo servitore ed amico.

## Paoli a Burnaby

*Corte, 7 luglio 1767.* — Stimatissimo Signor Burnaby.
Nell'accusarle la recezione delle sue lettere de' 5 marzo e
14 aprile le acchiudo le stampe ultimamente date fuori, per
mezzo di cui verrà a capo, e delle risoluzioni della Consulta,
e delle notizie correnti, alle quali deve aggiungersi, che in-
tesa la caduta della fortezza di Capraja, da Genova sono
state spedite provviste e soldatesche in Bonifacio, in vista di
mettere quel presidio al coperto da ogni nostro tentativo ;
ma quando i Genovesi si difendono in questo modo, combattono per noi, e battono in breccia contro il credito del loro
Banco di San Giorgio. Si vocifera ancora essere arrivato
in Bastia il primo del mese con un Corriere straordinario del
Gabinetto di Versailles l'ordine al Signor Conte de Marbeuf
di far evacuare dalle truppe francesi Ajaccio, Calvi ed Al-
gajola, subito che vi saranno sbarcati i Gesuiti Spagnuoli.
Dubito, che sia una minaccia *tantum* per far desistere la repubblica di Genova dall'ostinato impegno, che mostra di vo-
lere ne' Presidj dove sono le truppe francesi, e non nelle sue
riviere o in Bonifacio, i buoni Frati della Compagnia di Gesù,
scacciati dalla monarchia di Spagna. Per questa diceria i
nostri Presidiani sono in agitazione, e se i fatti corrisponde-
ranno alle parole, la Patria non avrà luogo di pentirsi di
avergli riconosciuti per figli, ed ammessi a godere i diritti di

libertà nella penultima Consulta. Frattanto la buona artiglieria, che si è trovata in Capraja, si è fatta venire al Macinajo, ove ne resta una partita, e l'altra sarà trasportata all'Isola-Rossa. Questo nuovo stabilimento, benchè composto la maggior parte di forestieri di diverse Nazioni e sette, ha ottenuto di poter mandare il suo procuratore alla Consulta. Si volea escludere un Ebreo dal votare per la elezione; ma Egli si fece sentire, ed ebbe rescritto favorevole. La libertà in Corsica non confessa, nè si consulta colla inquisizione. I riguardi esterni non permettono, che si faccia altro per ora per attirare gente e commercio a quello stabilimento.

Non ho ancora ricevuto alcun riscontro del piego che raccomandai al Signor Dick, e che Egli prima di partire mi assicurò di avere inoltrato per il suo destino; nemmeno ho ricevuto alcuna lettera di questo buon amico dopo il suo arrivo in Londra; la di lui presenza può rendere efficaci le misure concertate col di lei buon zelo per la rivocazione almeno del proclama del 1763, ingiurioso non meno ai Corsi che di pregiudizio alli negozianti inglesi.

Ho letta la Gazzetta di Leiden, che mi ha favorita con quella di Londra. Questa è più esatta di quella di Avignone. So a chi siamo obbligati di questo favore; ma gliene dobbiamo ben altri più importanti e maggiori; ed egli dev'esser persuaso che, a nome di tutti i miei compatriotti, gliene conservo la più sincera riconoscenza nell'animo mio.

Bramerei sapere se più altro dicesi del famoso conte Vasco e del mio infedele preteso segretario Lanzoni.

Finisco questa lettera colla speranza di doverlene scrivere fra poco un'altra più interessante, e più lunga; e fra tanto colla solita più sincera, e perfetta stima sono suo devotissimo obbligatissimo servo ed amico.

## Paoli a Francesco

*Corte, 13 luglio 1767.* — Stimatissimo Signor Gian Francesco. Ho ricevuto i giornali, che vi siete compiaciuto mandarmi ; in luogo di ringraziamento, il che vi sarà più grato, vi faccio sapere, che Calvesi, Ajaccini ed Algajolesi ancora non possono essere meglio disposti per sostenere gli interessi della libertà.

Alla partenza delle truppe Francesi, i Greci stessi hanno deliberato, che la loro Patria è la Corsica ; speriamo dunque che la buona causa avrà meglio esito.

Vi saluto e sono vostro affezionatissimo amico.

## Paoli a Burnaby

*Corte, 9 luglio 1767.* — Stimatissimo Signor Burnaby. Ier sera ricevei la sua lettera del 29 giugno. Stamane spedisco gli ordini perchè sia liberato dagli arresti il Signor Palombo suo raccomandato. Da esso lui saprà le notizie correnti di questo Paese. Io vorrei fra poco potergliene dare più interessanti e migliori. Sono colla più sincera e perfetta stima, devotissimo ed obbligatissimo servo.

## Paoli a M. Ceccaldi

*Corte, 26 luglio 1767.* — Stimatissimo Signor Compare. Questa volta non avrete superato Cortinesi nelle dimostrazioni di allegrezza, nelle feste e nelle illuminazioni. Checco ve ne farà il dettaglio, e dicono Cortinesi che voi stessi vi confesserete vinti nella magnificenza, e nell'ordine e simetria. Nè credete che il pubblico vi abbia contribuito; tutto hanno fatto da sè. Ma pur sappiate che la piazza parea una Galeria. Matteo Massesi, alla facciata di sua abitazione avea posto il piano di Capraja con tanto ornamento di lumi che facea veramente spicco singolare. La casa Gafforj e le altre attorno, non potreste immaginarvi qual comparsa faceano. Le feste in Chiesa magnifiche, e le salve e li fuochi d'artifizio; rezuaglia li dicono qui. I preparativi sono piccoli, perchè ho letto la vostra lettera.

Vi risponderò con una tirata di orecchie a quel che dite di frà Simone che ha avuto per ritiro il convento di Piedicorte. I miei rispetti alle mie comari. Vi saluto e sono.

## Paoli a Burnaby

*Corte, 5 agosto 1767.* — Stimatissimo Signor Burnaby. Se ne ritorna il Signor Symonds. Quattro soli giorni ha voluto trattenersi meco. Egli si merita l'elogio, che Tacito fa di Agricola per la morigeratezza e modestia, con cui ricopre la vasta sua erudizione, e perspicacia. Da esso lui saprà le notizie correnti di questo paese, che va ben presto ad abbandonar l'ombra di pace, sotto di cui erà vissuto questi due anni. Se aurà qualche riscontro dall'Inghilterra la prego farmelo tenere per canale sicuro. Sono colla maggiore stima ed amicizia, suo devotissimo ed obbligatissimo servitore ed amico.

## Paoli a Burnaby

*Corte, 5 settembre 1767.* — Stimatissimo Signor Burnaby. Ho ricevuta la sua lettera del 22 del mese passato con entro la medesima, una del Signor Boswel, ed altra del Signor Domenico Palombo. Quando mai finiranno le divisioni del ministero britannico ! Se queste conservano la interna libertà della nazione, è altresì vero che la mettono fuori di stato di fare la dovuta attenzione agli affari stranieri che la concernono.

Le notizie di questo povero Paese sono nell'acchiuso foglio. Oggi ho finito di passare l'acqua acetosa di Orezza. Nè avea gran bisogno per prevenire i disordini che aurebbe cagionati negli umori del mio corpo l'ozio forzoso in cui debbo vivere per un anno.

Giacchè all'arrivo delle armi prussiane dovrò scrivere a my Lord Marchal, la prego darmi qualche informazione di Emmatulla o siasi Madama di Tremont, sotto il di cui nome egli vuol compiacersi di farmi vedere con quali armi potrei liberar la patria ; se la di lui affezione avesse potuto ancora mandarmi una dose di quel coraggio e sublime genio che le ha rese formidabili, e l'ammirazione di tutta la terra !

Il capitano Grimaldi Don Filippo fu slargato per una raccomandazione della Corte di Francia. Quanti impegni hanno mai cercati Genovesi per salvar la vita a questo Ribelle! Non mi dispiace però che facciano fondamento sopra tal sorte di uomini, che al fin del conto significano zero : e frattanto da questa loro premura posso arguire sicuramente in essi mancanza delle necessarie notizie del Paese, e debolezza delle loro proprie forze.

Aurà sapputo che un Padron Saremasco con un bravo Pinco è venuto a cercare asilo all'Isola-Rossa. Questo fu in Ajaccio quando vi erano le Galere. Per evitare qualche ricerca da loro, inalberò Bandiera Inglese, servendosi di un Passavanti del Governatore di Maone concesso ad altro Padrone ed altro Bastimento, e spirato da un anno e più. Sulla Galera niuno leggeva l'Inglese, e perciò l'astuzia gli riuscì. Non sono ancora determinato permettergli di armare com'egli vorrebbe ; voglio almeno veder prima dove vanno a finire le vessazioni che prova in codesto Porto la Bandiera Corsa, contro della quale mi pare che i Toscani vogliano autorizzare la ragion del più forte per cercare a dritto, o traverso guadagnarsi l'amicizia de' Genovesi ; ma sono tanto opposti i loro interessi, quanto noi stimati insignificanti. Sono colla solita stima ed amicizia, suo devotissimo ed obbligatissimo servitore.

Ella conoscerà che scrivo con qualche agitazione, onde ne compatirà lo stile poco obbligante con un amico a cui sarò sempre tenuto. Ma qualche volta le mie circostanze muovono troppo la bile e gli amici mi devono compatire.

## Paoli a Burnaby

*Corte, 6 settembre 1767.* — Stimatissimo Signor Burnaby. Avanti che mi arrivasse la di lei lettera de 24 del mese passato il Grimaldi, pe 'l quale ella s'interessa, dalle carceri era stato slargato per questo Castello in forza di una raccomandazione che per esso-lui mi era venuta da Francia; ma se questo è fuori del caso, e non ha più bisogno di godere i buoni effetti della di lei valevole intercessione, Ella ha il diritto di presentarmi delle altre occasioni, onde io possa sempre più contestarle i sentimenti della perfetta stima, e di amicizia, con cui sono

Suo devotissimo ed obbligatissimo servo e amico.

## Paoli a Burnaby

*Corte, 30 settembre 1767.* — Stimatissimo Signor Burnaby. Dal Signor Cocchi ho ricevuta la di lei lettera del 15 dello spirante mese. Questo Signore è passato a vedere le provincie oltramontane. Aurei voluto che gli fosse accordata più lunga gita. Egli è molto versato nell'Istoria naturale, e le di lui osservazioni poteano darmi de' lumi. Mi ha informato de' generosi passi che per noi ha fatto il Signor Cavaliere Mann, a cui penso rimettere per altro canale un estratto delle doglianze venute da Livorno, e delle risposte che da qui si sono mandate acciò egli conosca che le di lui premure erano pe 'l giusto, e l'onesto.

Qui ogni giorno abbiamo mutazioni di scena. Dopo sotto-
scritta la sospensione delle ostilità intorno a Calvi ed Ajaccio,
vengo avvisato, che per vie più rendere sicura questa sospensione, passeranno in ciascheduna di dette piazze due picchetti
Francesi della guarnigion di Bastia, e che in conseguenza
dovranno essere di nuovo evacuate da' Genovesi. Questa novità dà motivo alla convocazione di un Congresso che si
aprirà verso il fine dell'entrante mese. Può immaginarsi ché
non le lascerò ignorare quel che vi sarà di comunicabile.

I Gesuiti della Provincia di Toledo sono ritornati, e sbarcati in Ajaccio. Se avessimo avuto abbondanza di viveri questi poveri religiosi ce li avrebbero combiati con buone pezze
dure ; ma l'annata è stata troppo scarsa. Molti di loro s'im-
barcano sotto abito mentito, e sono questi tutti giovanetti;
a' quali forse non dispiace che la disgrazia della Compagnia
dia loro plausibile apertura di annullare un contratto, che
fecero da ragazzi, e che senza di questo incidente gli avrebbe
fatto pena tutta la loro vita.

Non ho ricevuta la Cassetta de' Libri che si è compiaciuto
rimettere al capitan Santi. Aurà egli giudicato meglio man-
darla per qualche altra più cauta occasione. Le rendo infinite
grazie anche di questo nuovo incomodo che si è preso per
me, e frattanto la prego ad essere persuaso della perfetta
stima ed amicizia con cui sono suo devotissimo ed obbligatissimo servitore e amico.


## Paoli a Burnaby

Corte, 1º novembre 1767. — Stimatissimo Signor Burnaby.
Nella di lei lettera del 26 settembre eravene una del Signor

Boswel in data del 28 agosto, alla quale serve di risposta l'acchiusa, che prego volersi compiacere d'istradare.

Ho letto con piacere le Gazzette, e specialmente l'articolo che avea marcato in quella del numero 1584. Sento che vi siano sospetti di guerra. Sarebbe una circostanza felice pe 'l Signor Pitt. Tutti li partiti gli danno un talento superiore per ben condurla, ed io non lo credo tanto ammalato di corpo, quanto disgustato, per le contradizioni che soffre. Le notizie correnti sono nell'acchiuso foglio; devo però farle osservare che li Picchetti Francesi, destinati a rioccupare Ajaccio e Calvi, sono sempre sulle mosse in Bastia, per imbarcarsi. I tempi sono buoni, e non partono; bisogna che la repubblica non senta di buona voglia questo ripiego, che la Francia vuole adottare, per rendere più sicura la sospensione delle ostilità intorno a questi Presidj; poichè anzi li comandanti de' medesimi par che studiosamente cerchino le occasioni di rompere questa sospensione. Non capisco il vantaggio che se ne possa ripromettere la Repubblica; pure qualcheduno bisogna che ne abbia in vista, o le sia fatto sperare da qualche Potenza. Colle proprie sole forze sarebbe meno difficile. I Gesuiti ancora è qualche tempo che si maneggiano per introdursi nell'interno, credo col tacito consenso della Spagna, e forse col piacere degli stessi Genovesi, che provano difficoltà a mantenergli ne' Presidj. I nostri popoli però, sebbene siano persuasi esservi fra questi religiosi moltissimi innocenti e galantuomini, apprendono nondimeno la loro società per poco utile a questo Paese.

Fra giorni mi prenderò la libertà di mandarle una cassa con entro un fucile, e due pistole, un cane o due, ed alcune damiggiane de vino pe 'l Signor Boswell. Egli perderà la buona opinione de' nostri cani per i quali sembra esser prevenuto quando ne farà la comparazione co' famosi Doghi d'Inghilterra. Dubito assai che il nostro vino senza cottura, resista al mare. Nello schioppo e nelle pistole conoscerà che

continua la incoltura del Paese. I lettori della università gli
scrivono ringraziandolo de' classici che ha mandati della fa-
mosa edizione di Glasgow, ed io passo qualche ora il giorno
con piacere, rileggiando quelli che a me ha regalati in lingua
inglese, e che tutti erano nella cassa che Ella fece consegnare
al Signor capitano Anton Mattei, la quale egli mi ha fatto
avere per la via dell'Isola-Rossa.

Il Signor Cocchi, che se ne ritorna in Firenze, dopo avere
fatto quasi lo intiero giro dell'Isola, ed a cui consegno questa
mia lettera, potrà assicurarla della grande stima, in cui è
qui il suo nome presso di tutti, e specialmente presso colui,
che anche per gratitudine ha l'onor di esserle,

Devotissimo ed obbligatissimo servitore.

P. S. — L'Abbate Gili di mia commessione la pregherà
istradare lo schioppo, le pistole ed il cane per il Signor
Boswell. Non mando il vino perchè s'è trovato di poco buona
qualità. A Gennaro spero poterne mandar del nuovo che sarà
mediocre.

*A 14 detto.* — Ho ricevuta l'altra sua lettera de' 26 del
mese passato. Il congresso si è sciolto stamane. Fra le altre
risoluzioni vi è stata quella di unire tutto il commercio delle
Spiaggie a San Pellegrino, di farci una comoda abitazione
per chi vi dovrà presiedere, e di assicurare quello scalo con
alcuni pezzi di cannone. Parimente è stato risoluto che il
commercio delle provincie della Rocca, Istria, Ornano e Ta-
lavo, sia ridotto in Propriano, dove si deve fare l'istesso stabilimento che a San Pellegrino. Per le Giurisdizioni di Celavo
e Vico, è stato destinato il Golfo di Sagona. Ella arriverà a vederci pensare ad attirar commercio alle nostre Marine quando
tutti cospirano a renderle inaccessibili sotto varj pretesti, e
collo speciosissimo della quarantena. Chi sa ! Vegliano i
Numi in ajuto agli oppressi. Sono impaziente di vedere alla
luce il libro del Signor Boswell. Desidererei nondimeno che
gli arrivasse avanti l'acchiusa mia lettera nella quale gli do

una idea più precisa della nostra Costituzione. Il Signor Cocchi anch'esso qualche cosa scriverà avendo avuto tempo d'informarsi di tutto.

## Paoli a Ceccaldi

*Corte, 4 dicembre 1767.* — Stimatissimo Signor Compare. Si manda a vendere lo Sciabecco. Per rinfrancarci le spese del trasporto, vi si metteranno sopra cento stare di castagne ed è questo il ripiego che ho potuto prendere, perchè voi restiate servito di questa tratta. La tratta la mando a Ristori, ma sigillata in una lettera diretta a voi. Egli, che fa passare in Marsiglia lo Sciabecco, è incaricato di ritrovar la Gondola che venga a prender le castagne in foce, per portarle nel Golfo di S. Fiorenzo al bordo dello Sciabecco. Ve ne prevengo acciò vi prepariate. I miei complimenti alla Signora Comare. Vi saluto e sono.

## Paoli a Cocchi

(1) *26 gennaio 1768.* — Stimatissimo Signor Cocchi (2). Ho ricevuto le vostre lettere del 24 e del 29 del p. p., mese. Sono impaziente degli ultimi vostri riscontri sopra dell'og-

---

(1) Corte.
(2) Cocchi Raimondo, savant Médecin florentin, ami de la Corse et de Paoli. Il mourut en 1775. Auteur de *Lettres sur la Corse* peu lues.

getto di cui trattavano le sopradette vostre lettere ; ma poco
ne spero per questa povera nazione. I riscontri quasi certi
che mi sarebbero stati resi in cambio i schiavi corsi mi hanno
determinato a mandar in Tunisi col Signor Paggiola (1), la
galeotta tunisina che investì alle nostre spiaggie piuttosto che
rendersi alli corsari genovesi che l'inseguivano. I giorni passati ho qui avuto un Baron Lockhart, scozzese di nazione,
colonnello e gran ciambellano dell'Imperatore, gran pensa-
tore e soldato illuminato nella sua professione, e che dà
grazia alla tattica colla sperienza di moltissime campagne.
Vi avrei voluto presente alli di lui discorsi. Vorrei che i me-
dici vi prescrivessero di assoluta necessità un poco di questa
aria per allontanar sempre la febbretta indiscreta, solita ad
incomodarvi : gli altri amici lo desiderano al par di me.
Scusate al Musico gli eccessi del suo zelo. Fate valere alla
vostra Signora la mia ambizione di esser nel numero de' di
lei servi. In altra più cauta occasione scriverò. Vi saluto e
sono vostro affezionatissimo amico.

## Discours de Paoli à la jeunesse de l'Ile de Corse

*1768.* — Valeureuse jeunesse. Toutes les nations qui ont
cherché et qui cherchent la liberté, sont sujettes à de grandes
vicissitudes ; c'est d'elles que naît le triomphe de cette même
liberté ; elles ne sont ces nations ni plus valeureuses ni plus
puissantes que nous, et si elles sont parvenues à un tel état
que celui que nous désirons, ce n'est que par une intrépidité
d'âme la plus forte. Car si la liberté s'obtenait par le désir,
tout le monde serait libre.

(1) Paggiola était de Calvi.

On trouve rarement dans les hommes une vertu constante et inébranlable, supérieure à toutes les difficultés, et telle qu'elle doit être pour ne pas se laisser séduire par les apparences, mais seulement par la vérité, et c'est cette même vérité et cette même vertu qui doit faire regarder comme autant de divinités les personnes qui les possèdent. L'état et les prérogatives d'un peuple libre sont des objets dont il est difficile de représenter en peu de mots tous les avantages, puisque ce tableau comprend la dignité et la tranquillité de l'administration, et n'excite d'ailleurs que trop souvent l'envie des plus grands hommes. Plût à Dieu qu'il ne l'excitât pas contre une nation qui a le cœur plus grand que la fortune, puisque ce sont de méchans vêtements qui la font mépriser par presque toute l'Europe, au point qu'elle a peine à persuader qu'elle est violemment opprimée par ceux qui l'environnent.

Jeunesse, voici l'époque fatale qui se prépare et qui semble annoncer la perte de notre liberté, si on ne prend des précautions pour détourner la tempête qui nous menace, et qui détruira tout d'un coup et notre nom, et notre gloire. Aurions-nous aujourd'hui oublié les sentiments d'héroïsme, les fatigues, les travaux que nos pères ont endurés, et le sang qu'ils ont répandu.

Ombres honorables de nos ancêtres, qui pour conserver votre liberté aux dépens de vos vies, avez élevé un monument immortel à votre gloire, ne craignez point d'avoir à rougir des actions de vos descendants, puisqu'ils sont résolus de vivre libres ou de suivre votre glorieux exemple. Nos ennemis, pour nous en imposer, font répandre le bruit que nous aurons à combattre contre les Français. Nous ne pouvons nous persuader que le Roy T. C., qui a bien voulu être le médiateur de nos différends avec les Génois, veuille devenir notre ennemi, et épouser les injustes prétentions de la République, ni subjuguer un peuple qui a toujours espéré sa protection.

Si cependant il est écrit au ciel que le plus grand Monarque de la terre veuille combattre le plus petit peuple du monde, nous aurons bien lieu de nous enorgueillir, puisque nous sommes assurés de vivre ou de mourir également au lit d'honneur.

Que ceux qui parmi vous ne se sentent pas les sentiments d'un cœur capable de tant de valeur et de fermeté, ne s'alarment point ; ce n'est pas à eux que l'on parle ; c'est à vous, jeunesse valeureuse, à qui je m'adresse dans un temps où il faut faire connaître que vous êtes dignes de ce titre, et si, pour prendre les intérêts d'une République tyrannique et pour soutenir ses iniques prétentions, une nation étrangère vient à exposer sa vie, devons-nous épargner la nôtre pour soutenir nos propres droits. Tout le monde sait que votre cœur ne survivrait pas à la perte de votre liberté. Faites donc en sorte que vos actions répondent à l'attente de l'univers, que nos ennemis se détrompent de la fausse idée qu'ils se sont faite de votre faiblesse. Vivez heureux pour votre patrie et pour vous-mêmes.

## Paoli a Cocchi

*4 febbraio 1768.* — Stimatissimo amico. Risposi alle vostre lettere del 24 e 29 decembre. Ieri l'altro ho ricevuto quella entro cui eranvi le gazette estere ; aveva avanti ricevuto i fogli concernenti Napoli e Roma. Tanucci, la ragione sopra la quale potea contare, non fa che toccarla ; si lusingavano i Romani col non voler ricevere gli espulsi Gesuiti rendere impossibile ai Principi lo scacciarli da' loro Stati. Le altre ragioni che allega il Papa nella sua memoria ai Principi le ribatte bene, e fa vedere che non sono al caso. L'occupazione de' beni del Collégio Romano, Tanucci deve averla fatta nel disegno di ridur tutta la premura della Corte Romana su quel punto per contentarla con un'apparenza di cedere alle di lei ragione ed istanze.

La vedova Gavi non ha ancora fatto qui arrivare alcuna istanza ; sendo che l'altra sia in Bastia non vi sarebbe bisogno di prevenzione ; pure, perchè essa conosca che ne avete scritto, prevengo il Signor Massesi di passar un biglietto alla Rota.

Avvertirò il Signor Franceschetti delle buone speranze che mi date per il buon esito delle di lui premura. Macchie, per 10 e 20 anni, a chi volesse coltivarle, ce ne sono in abbondanza. Agli amici con poco o niun onore se mai ecc. Le risposte alli noti fogli le attenderemo in vano, perchè non vorranno confessare di aver avuto il torto, e se danno qualche riparo, sarà tardi per mostrare che deriva da pura generosità. Voi non vi ci inquietate più che tanto : sono ormai avvezzo a inghiottire questi bocconi, e ci ho fatto il palato. Potrebbe ancora darsi che l'amaro dei medesimi riesca salutevole. Ma rassicurate che non è buona politica del governo-toscano difficultare tanto per lor parte la libertà de' Corsi : Essi, padroni del proprio paese, sarebbero buoni vicini, e potrebbero avere interessi comuni. Altri in Corsica, oh che briglia al gran ducato ! Ho ricevuta la risposta del Signor cavaliere Mann (1) ; forse tornerò ad incomodarlo ; frattanto vi prego assicurarlo della più sincera grata riconoscenza delle obbligazioni che gli dobbiamo. Attualmente ho per le mani altre cose più importanti che quelle di costi. Paggiola sarà giunto al suo destino : vedremo cosa saprà fare per bene di tanti schiavi corsi che sono in Tunisi.

Il Signor Limperani aspetta il disegno, ed io la disserta-

_____

(1) Ministre d'Angleterre à Florence,

zione sopra il sistema del governo per farlo vedere alla Consulta di Maggio. La Signora Letizia (1) quando se le parla del cartolino, risponde con amabile sorriso. Io ora faccio ballare qualche volta : mi preme, che il motivo del divertimento attiri qui allo studio la gioventù. Turco dunque è spesso convitato ? Ma già a quest'ora la curiosità sarà fuor di moda. Datemi il vostro giudizio sopra la testa che troverete impressa nell'acchiusa cartolina, e colla quale sarà sigillata questa lettera.

Continuate ad amare il vostro amico.

## Paoli a Burnaby

*Corte, 4 febbraio 1768.* — Nella di lei lettera del 21 del passato eravi quella che mi segna del Signor Cav. Mann, alle di cui generose sollecitudini molto deve questa nazione, abbenchè la durezza del governo Toscano le renda inefficaci. L'Abbate Gili facilmente crede quel che desidera, e che gli sarebbe ora più che mai necessario per non restar soffogato. Ora che il ministero Britannico è unito, vedremo se continuerà il piano che Milord Chatham propose al Duca di Bedford ; e con ciò se faranno gli Inglesi che tutte le Potenze mantengano la pace, e non invadano gli altrui stati sotto qualunque pretesto. Non conosco chi mi scrive da Firenze in un francese affettato, e si dice poi Inglese. Vorrei averne da lei informazione per mia regola. Ora più che mai devo essere guardingo. La prego del fido ricapito all'acchiusa per

_____

(1) Bonaparte,

il Signor Cocchi. Scusi li continui incommodi. Sono in forte crisi e pericolosa; ma la causa è buona, e spero.

Sarò sempre suo devotissimo e obbligatissimo servitore.


## Paoli a M. Limperani

-------

*Corte, li 7 febbraro 1768.* — Stimatissimo Signor Compare. A che serve che mandiate a me li disegni, quando sapete che io affatto non me ne intendo, specialmente per conoscere le proporzioni che possono avere colla spesa, la quale vorrei che fosse all'opposto tanto piccola quanto desidero grande la Casa. Voi conoscete le nostre strettezze; fate quel che possiamo fare e non vi manca gusto. Vi rimetto li vostri disegni. Cocchi mi scrive che sta travagliando anch'esso, e sappiate che se non ha mandato, non possiamo lagnarci, perche è bene applicato a scrivere ed a parlare per noi, e ne sentiremo fra poco buoni effetti. Procurate strappar per quanto potete da codesti popoli per la Fabrica, e daranno se gli illuminate sopra del vantaggio che ne risulterà; ma travagliate presto, perchè i motivi di codesto travaglio sono oltremodo accresciuti. Fate che l'anno venturo vi sia la residenza.

Ho piacere che una volta vi accomodiate con Frediani; ma non interrompa la nostra fabbrica, altrimente a Diavolo la lite e l'aggiusto. I miei complimenti alla Signora Annadea. Vi abbraccio e sono.

## Paoli a M. Limperani

*Corte, 11 febbraro 1768.* — Stimatissimo Signore. — Vi rimetto un memoriale del Signor Taddei, perchè facciate sotto del medesimo la vostra relazione del danno che può avere sofferto acciò se gli faccia il mandato per l'indennizazione. Vi saluto e sono.

## Paoli a Cocchi

*Isola Rossa, 27 febbraio 1768.* — Stimatissimo Signor Cocchi. Dalla di lei lettera del 12 dello scaduto gennaio ho rilevato quanto il Signor Conte di Rosemberg (1), in seguito delle di Lei generose premure e della parte che prende agli interessi di questa nazione, si è compiaciuto comunicarle relativamente ai fogli che ho avuto l'onore di indirizzargli per di Lei mezzo. Se S. A. R., in conformità delle magnanime e vantaggiose disposizioni che le ha manifestato il Ministro, si degnerà di prendere quei temperamenti che troverà conformi alla sua imparzialità e giustizia ed ai riguardi che vuole avere, e che crede di non aver demeritati questa nazione, si potrà sperare di veder una volta cessati i contrattempi e soprusi che ha dovuto finora soffrire in Livorno. Desidero soprattutto

(1) Secrétaire d'Etat du Grand Duc de Toscane.

che le sicurezze dategli di toglier di mezzo la quarantena si
riducano presto ad effetto, ed in questo caso vedrò volentieri
che i miei dubbi, che su questo particolare le manifestai qui
a bocca, si ritrovino mancanti ad ogni buon fondamento.

E ben delicato il dubbio messo in campo se il governo di
Toscana possa attendere alle decisioni e sentenze dei Tribunali di Corsica che non riconosce. Sarebbe ben trista la condizione dei Corsi se, dopo quarant'anni che si governano in-
dipendentemente e in corpo di nazione, con leggi proprie e
Tribunali stabiliti, non dovesse aversi alcun riguardo agli
atti giudiziali di questi Tribunali, come mancanti d'autorità
legittima. Le potenze più rispettabili, e fra queste in modo
speciale l'Imperatrice Regina, madre del regnante Granduca
di Toscana, ha solennemente riconosciuto la giustizia della
guerra dei Corsi. Tutti gli atti che dipendono, o hanno necessaria connessione con questa guerra devono cadere sotto
lo stesso riguardo; ma quel ch'è più, in materia di prede,
gli stessi Tribunali di Toscana hanno pronunziato sulla validità delle prede fatte dai Corsi, e le hanno loro aggiudicate,
ed hanno per conseguenza riconosciuto in questa nazione un
diritto che l'autorizza a far queste prede sopra a' lor nemici
Questo, a mio credere, è qualche cosa di più che una semplice ricognizione delle decisioni e sentenze dei Tribunali inferiori di Corsica. Il Governo almeno di Livorno non ha ri-
gettate per questo capo le decisioni di questi Tribunali, ma
ha preso l'altra strada di attaccarli di mala fede e di poca
sincerità, come si vede dai scritti che ho rimessi a cotesto
Ministro. Ella però ha saviamente lasciata cadere indecisa
questa intempestiva questione, la quale portata avanti, potrebbe anzi far dubitare che S. A. Reale non volesse più attenersi alla professata neutralità ed imparzialità riguardo alla
guerra che passa fra i Corsi ed i Genovesi, ed accordare a
questa nazione i riguardi che si usano alle altre nazioni nei
suoi Stati, e quelli specialmente che sono annessi alla qualità di porto franco in Livorno.

Il ripiego che Ella ha proposto, che in caso di mancamenti si portino vicendevolmente le doglianze e si chiedano le soddisfazioni contro i colpevoli ai respettivi loro governi prima di prenderle da sè, è troppo giusto ; essendo questa là pratica di tutti i Stati, che forma una parte del diritto pubblico delle nazioni che vivono in pace fra sè. Per metterla in uso tra la Toscana e la Corsica non pare che vi sia bisogno di una speciale convenzione, potendosi ciò fare, come Ella ha ben suggerito, per via di strette e precise instruzioni da darsi ai ministri e Tribunali inferiori. Per parte dei Corsi ha più volte protestato questo governo che non lascerà impunita la minima mancanza de' suoi nazionali, e si piccherà, alle occorrenze, di comprovare coi fatti la sua esattezza su questo punto. Qualora poi si credesse necessaria l'ideata convenzione, Ella che avrà potuto penetrare quale sia la mente e le intenzioni del Ministro sugli oggetti di questa specie di convenzione, potrà prendersi la pena di inviarmene il disegno che ne ha formato ed i capi che dovrà comprendere, perchè possa farvi le mie osservazioni e facilitarne l'esecuzione, qualora si ritrovi di comune soddisfazione.

Riguardo al contegno delle persone che han presa briga in Livorno negli affari pubblici delle due nazioni, la prego a non credermi talmente prevenuto per i miei nazionali da credergli i più docili e moderati del mondo. La morte ha provvisto in gran parte per parte a canto nostro. I fatti sono quelli che guastano gli interessi delle nazioni ; rimediato che siasi a questi, poco possono nuocere i difetti e la volontà dei privati. Starò in attenzione degli ulteriori suoi riscontri nel mentre che le sono con i sentimenti della più perfetta stima e riconoscenza, affezionatissimo amico.

# Paoli a Cocchi

*Isola-Rossa*, *28 febbrajo 1768*. — Stimatissimo amico. Il Padre Fortis sarà sempre ben veduto venendo con vostra raccomandazione ; ma se la guerra un'altra volta ritorna come credo, questo povero uomo stimerebbe vedersi in un vascello sul punto d'esser naufragato. Voi avete veduto che, per vivere in Corsica, bisogna aver un poco di fanatisimo per la libertà, per mezzo di cui non si rendano sensibili tanto gli inconvenienti che porta seco la licenza ed il tumulto, e spessissimo quello di vedersi sull'orlo del precipizio. Ditegli che questo è un paese che combatterà forse *pro aris et focis* in breve, e gli amici delle muse e delle belle arti queste cose vogliono vederle e parlarne in lontananza. Superati questi riflessi, le 50 mensuali le crederei troppo bene impiegate per il soccorso di un tale uomo, che altronde può essere utile veramente.

Agli orciai, pentolai e tessitrici qualche soccorso lo passerò io stesso. Artefici mandatemene, ma che abbiano voglia di far bene in un paese per il quale vi fa prendere interesse il vostro buon cuore e l'amicizia per una persona che se la merita per la stima in cui vi tiene e per il desiderio di vedervi altra volta. L'argento di Sisco vi stia a cuore : l'argento ora è tutto. Limperani strepita per il disegno di S. Pellegrino, e io più di tutti per quello abbozzo della Costituzione, quale farei valere alla Consulta di Maggio. Ho smascellato di risa leggendo il periodo che concerne la monaca, il Signor Santo Mori, la moglie padrone ; questa non rimpatrierà, perchè il cugino direttore non vuol star sotto gli occhi di chi lo conosce. Delle femine Gavi, niuna finora s'è lasciata vedere.

I Gesuiti direttamente poco male mi faranno ; ma altri, per la loro dimora in Corsica, potrebbe prender pretesto per farmene, dilungando l'esito della guerra. Ma, *si nequeo superos, Acheronta movebo.* Da Capocorso, per dove parto domani, vi scriverò. Vi abbraccio.

Non ho ora occasione di scrivere al Cav. Mann, ma vi prego fargli valere tutta la più dovuta riconoscenza e gratitudine per i buoni uffìcii usati. Il *Musico* è arrivato qui un'ora avanti. La quarantena dura. Arena è in carcere, e gli domanda il governo di Livorno 600 pezze per spese, come se fosse egli trovato colpevole. Il *Musico* mi porta una lettera che al medesimo avete scritto : non ho motivo di amare l'Arena, ma pur sono obbligato alla sollecitudine che per esso avete. Da quanto vedo, vogliono lasciar le cose senza rimedio. Bastimenti in corso difficilmente ora ne vanno in codesto porto, di cui possono passarsi : quelli di mercanzia troveranno anch'esse altrove il loro vantaggio. Questi giorni il felucone ha fatte cinque prese : due pinchi carichi di vino e tre leuti ; avevano tutti passaporti mentiti, per cui forse ci saranno ingiusti reclami ; ma comincierò a mostrar la faccia. Genovesi fanno truppe al sordino ; potrebbe darsi che disegnino sopra la Capraia. Mai ho avuti più importanti affari per le mani ; ma confido nella buona causa. Amatemi : l'approvazione degli onesti uomini m'indennizza abbastanza di tutte le superchierie de' prepotenti, de' quali per altro mi rido, perchè non avranno mai potere sulla mia volontà, e l'abuso della lor forza sopra la nostra debolezza ci farà onore in qualunque evento.

# Paoli a Burnaby

*Isola-Rossa, 28 febbrajo 1768.* — Stimatissimo Signor Burnaby. Quest'oggi l'abbate Gili mi consegna la sua lettera de' 25 del mese, entro la quale eravi quella del Sig. Boswell. La nota persona che mi scrivea non essendo Inglese, più si aumenta il sospetto di cui le feci parola nell'altra mia lettera. Sebbene al Signor Cav. Mann ed al Signor Cocchi fosse stata promessa la rimozione della quarantena e degli altri soprusi che si praticano in codesta Piazza, niente ancora si vide e niente più spero. Par che tutti cospirino a danno nostro. Io parto domani per il Capocorso per dare più da vicino alcuni provedimenti per sicurezza della Caprara contro la quale si teme qualche disegno de' nostri nemici. I nostri Corsari hanno portate sei prese in questo scalo. Tutte hanno passaporti mentiti, la insussistenza de' quali è confessata dagli stessi equipaggi : pure mi attendo ad ingiusti riclami. Ma se tutto il mondo c'è contrario o ci trascura in discapito ancora de' proprj interessi, mi conservi Ella almeno la sua amicizia, e con verace stima mi creda suo affettuosissimo amico e obbligatissimo e devotissimo servo.

# Paoli a Cocchi

*Rogliano, 10 marzo 1768.* — Stimatissimo amico. Quando stavo a momenti aspettando sentir tolta la quarentena, e dato riparo agli altri torti fatti a questa nazione in Livorno, sento anzi la violenza ed il dispregio con cui vi è stato ultima-mente trattato un certo Michele Nobili co' suoi marinari e piccolo scampavia, che avendo fatto presa di un pinco geno-vese ed essendo inseguito dalle lancie di tre grossi lingueglini era andato per rifugiarsi sotto la Torre della Rocchetta. Questo corsaro può aver mancato, ma, prima di sentirlo, la ragion pubblica avrebbe desiderato che se ne fossero assicu-rati, in modo decente, e che non offendesse lo Stato di cui è soggetto. Conosco a mille riprove l'impetuoso carattere del governatore di Livorno; ma l'impunità che finora hanno in-contrato le di lui violenze, quasi mi fa dubitare che contro dei Corsi egli le commette con qualche segreta confidenza. Io non passo ora doglianza, perchè aspetto più sicuri riscontri del fatto. Ma se il corsaro avesse mancato, da sè non sarebbe andato a gettarsi in mano degli offesi, e cadendo in mano dei Genovesi non sarebbe stato trattato con tanta ignominia ed inumanità. Nè meno so indurmi a credere che codesto Stato voglia ad ogni costo mostrar con noi la superiorità delle sue forze, ed in tal vista cerchi pretesti per agire ostilmente. L'umanità avrebbe richiesto almeno che avesse prevenuti tanti poveri bastimenti toscani che sono a queste marine, e che potrebbero soggiacere al diritto di rappresaglia. Vi prego di farmi sapere con quali colori costì rappresenti questo fatto il governo di Livorno.

In questo punto sento da Centuri che il felucone vi abbia condotto una tartana genovese carica di legna, e che invece di un passaporto ne avesse tre.

Così navigano tutti i bastimenti genovesi: pure, ad ogn presa che se ne fa, si trova chi s'interessa per loro e vuol proteggerli col suo paviglione.

Sono venuto in questa provincia per informarmi da vicino dello Stato di Caprara e per veder la mezza galera: ci res-terò pochi giorni, avendo che fare in Corte. In Nebbio dovrò restar una settimana a contemplazione di un amico.

Ricordatevi delle case dell'Isola Rossa, di San Pellegrino e dell'Università e della osservazione sopra la costituzione. Vi abbraccio.

Un capo maestro mi bisogna più del pane.

## Paoli a Burnaby

*Patrimonio, 21 marzo 1768.* — Stimatissimo Signor Burnaby. Ho ricevuti gli avvisi d'Inghilterra che continuamente si compiace mandarmi ; in quelli di febbraro, veggo che la relazione del Signor Boswell è già fuor della Stamperia ; temo che la parzialità e l'amicizia che per me egli ha non la pregiudichi. Il Signor Cocchi anch'esso darà qualche saggio. Nelle osservazioni di tanti valentuomini vedrò meglio l'indole de' miei nazionali, e forse mi sarà additato il modo onde alla medesima adattar una propria costituzione. Che dicono dell'accommodamento? Io non ci spero, anzi sono agitatissimo, e temo che, accedendo Genovesi al patto di famiglia, tutto il mondo non cospiri ad opprimerci. I nostri corsali hanno fatto qualche presa in questo mese ; ma mi conviene sempre esser colla penna in mano per risponder agl'insussistenti riclami di Napoli e Toscana. Questa, ora par che voglia agire ostilmente. Non vorrei che cercasse pretesti per darci addosso colle forze di Spagna. Mi si dice che vengano molte navi sotto il manto di ricondur da Napoli a Livorno il Gran Duca e la Gran Duchessa. Bramerei sapere se sussista che l'Imperatrice Regina abbia segretamente acceduto al patto di famiglia, e se vi sia sospetto che vi acceda anche il Re di Sardegna. Mi faccia il favore, sotto il suo involto, dar ricapito all'acchiuse, e co' sentimenti della maggiore riconoscenza e stima mi creda suo Devotissimo ed obbligatissimo servitore ed amico.

# Paoli a Cocchi

*Patrimonio, 21 marzo 1768.* — Stimatissimo amico. Quattro giorni sono ricevei la lettera de' 4 del mese ; iersera l'altra de'12. In luoco di accomodamento, gl'insulti crescono ; giacchè vi permettono di parlare, vi si scrive lettera ostensibile. Se vedete mutazione nel mio stile, attribuitene totalmente la ragione alla pazienza già stracca e che non ne può più soffrire,. Ma io credo che costì volentieri cerchino pretesti di rotture onde coprir qualche risoluzione che forse meditano, e per cui si parla coll'assioma che a codesto Stato sia necessaria una forte marina. Non è però questa una strada sicura di far conquiste e guadagnar Stati con vantaggio. Vedremo in qual numero verranno le navi di Spagna per accompagnar in Livorno codesti Reali Sovrani.

Tutti parlano di accomodamento, ma io sempre poco ci spero, perchè Genovesi abborriscono li giurati preliminari di Casinca ; e d'altronde non conosco l'interesse degli altri a questo accomodamento. Non ho veduto il libercolo di Voltaire. Sono del vostro parere che troppo parzialità nuocerà alla relazione che dà fuori M. Boswel. M. Symonds (1) gli avea mandato alcune osservazioni ; ma gli arrivarono quando il libro era già stampato. Voi scrivete come pensate, e come vi detta il lume degli onesti uomini, come siete voi, la verità. Non risparmiate le vostre riflessioni perchè ne faccio uso. Difficilmente li nostri potranno rinvenire la miniera onde promettete, e non si risparmi la gratificazione, se è abbon-

(1) Symonds, Colonel.

dante come si decanta. Secretezza finchè si scuopra questo punto fisso : scoperto e postovi il piede, non mi ci rimuovono. Se ho in quella provincia cinque o seicento uomini pagati, ci vuole un fiume di sangue ed una grossa miniera d'oro a cacciarmene. Limperani grida e risponde a me, che lo presso al travaglio, dando la colpa del ritardo alla mancanza del disegno, e voi ora mi dite averlo smarrito : lo vedrò fra quattro giorni, e lo spingerò al travaglio. Per noi tutto è buono quel che si fa : chi verrà, migliorerà e accrescerà, Non mi dispiace il ritorno del Signor Burnaby in Londra ; è questi un vero amico. Il Conte di Rosemberg si accomoderà col Cav. Mann : Livorno deve riguardi agli Inglesi, e quel ministro conosce che la freddezza degli Stati, e spesso la rottura deriva da leggieri principj e mal contentezza degli incaricati degli affari e di quelli che hanno cura coltivare la buona intelligenza. Assicurate sempre quel generoso signore della mia più sincera riconoscenza alle di lui sollecitudini.

Arrivato in Corte, saprò dire alla signora Letizia che troppo spesso di lei vi sovvenite e parlate : ne sarà vana e non se ne offenderà ; ed il più che mi dispiace è che non potrei nè men farvene aver rimproveri costì, essendo lo spirito della Signora Tullia troppo superiore per aver comune colle altre donne questa passioncella. Qualche cosa forse da Corte scriverò sopra questo assunto : ora ho altro in testa, aspettando a momenti il Conte di Marbeuf, ed ognun de' nostri vuol esser spedito avanti l'arrivo di questo. Ma, che non mi scordi ; fate valere nella maggior estensione i miei rispetti alla Signora Tullia. Sapete quale sia un Corso, e fra i Corsi conoscete me il più inadatto a complimentare il bel sesso. Supplite, e dite cento cose : tutte saran poco per esprimer la stima che devo aver della compagna diletta e di scelta di un amico che tanto amo ed apprezzo ed alla di lui sollecita e generosa amicizia tanto devo.

Indicate se sussiste che l'Imperatrice Regina abbia secreta-mente acceduto al patto di famiglia, e se l'istesso possa fare il Re di Sardegna ; cosa ha risoluto sopra di ciò la Repubblica di Genova. Se ciò accade, siamo in cattive acque e vicino a Sagunto. Vi abbraccio. Il vostro vero amico.

Mi scordavo di dirvi che li nostri corsari questo mese hanno fatte molte prese contrastate, ingiustamente però, dal Console di Napoli. Ieri hanno portato tre feluconi di Lerice con ricco carico, predati nel golfo della Spezia.

## Paoli a Cocchi

*Patrimonio, 21 marzo 1768.* — Stimatissimo Signor Cocchi. Dalla di Lei lettera del 12 del corrente vengo sempre più assicurato delle favorevoli intenzioni di S. A. R. riguardo a questa nazione, e delle ottime disposizioni del ministro di far cessare definitivamente tutti i disgusti. Voglio sperare che ciò possa succedere ; ma frattanto dal Governo di Livorno si multiplicano alla giornata gli insulti e le acerbità dei fatti ; rivestono oramai un carattere di aperta ostilità.

Un corsaro di questa nazione, comandato dal capitan Nobili, inseguito da tre pinchi lingueglini, essendosi rifuggiato con una sua preda all'isola di Troia, vi è stato arrestato per ordine del governo di Livorno, e tutto l'equipaggio è stato colà condotto, legato e carcerato ; e sebbene dopo qualche giorno i nazionali Corsi siano stati licenziati, si segue però a ritenere il capitano con alcuni altri forestieri, come pure il corsaro e la preda. Il Nobili è nato bensì in Toscana, ma è figliuolo di padre corso, ed era ritornato col padre alla sua casa ; ma quando anche volesse riguardarsi come forestiero, non potrò mai indurmi a credere che voglia proibirsi a questa nazione di prendere forestieri al suo soldo, o che voglia farsi un delitto a quei forestieri che imprendessero questo servizio.

Io ho le più sicure e accertate informazioni che il corsaro non ha mancato nè offesi in minima parte i diritti della Toscana, onde essersi meritato un trattamento sì acerbo. E poichè sembra che il Signor Conte di Rosemberg l'abbia in qualche maniera autorizzata a trattar seco lui sugli affari di questa nazione, non riconoscendovi risico alcuno, la prego di farle su di ciò una giusta ed efficace rappresentanza esponendogli tutta la sensibilità e sorpresa di questo governo a vista di così manifeste e replicate violenze, e la costante persuasiva di questo governo medesimo che non si vorranno così autorizzare le ragioni ed il diritto che crede di avere il governo di Livorno di insultare impunemente la bandiera di questa nazione, e quindi la ferma fiducia in cui è che S. A. R., per un riguardo di sua imparzialità e giustizia, vorrà farvi dare il convenevole e giusto riparo.

Sono colla più vera e parziale stima, il suo affezionatissimo amico.


## Paoli a M. Limperani


*Corte, 2 aprile 1768.* — Illustrissimo Signore. Sono stati consegnati al soldato i danari per la paga di quelli che servono sotto i vostri ordini. Al Vescovato, mi fece dire il maestro Cane, che nell'estimo della casetta che fece in compagnia di maestro Carlo, doveano defalcarsi quattro cento cinquanta lire; se maestro Cane è onesto; perciò si scrive a

6

Giuseppe Matteo Emanuelli che dia ora un acconto di seicento cinquanta lire al Signor Marco Taddei, padrone della
ruinata casetta.

Vi si acchiudono i Passaporti che desiderate ; ma voi mandatemi in prima occasione le Alici che per me vi hanno rimesso da Brando. I miei complimenti alla Signora Annadea.
Sono...

# Paoli al Marchese Bourbon del Monte
## Governatore di Livorno

*11 aprile 1768.* — Eccellenza. Mi è pervenuta la lettera
che l'E. V. mi fa l'onore di scrivermi in data de' 28 dello
scaduto, concernente il riclamo di diversi effetti che diconsi
appartenenti a negozianti di Livorno ed a sudditi di S. A. R.
il Granduca di Toscana, predati ultimamente da' corsari di
questa nazione sopra bastimenti nemici.

Sarebbe troppo facile a questi corsari di chiamare in con-
testazione i principj del diritto pubblico su cui ha Ella creduto di potere appoggiare la giustizia de' suoi riclami, e far
anzi vedere un diritto tutto contrario, autorizzato dalle regole
e costumanze di guerra e dalla costante pratica di tutte le
nazioni, e di cui niuno meglio di V. E. è a portata di essere
pienamente informato riguardo agli effetti che si trovano caricati sopra bastimenti di bandiera nemica, e che cadono indistintamente sotto i riguardi di buona preda. I negozianti di
Livorno non possono ignorare questo diritto per dover credere che non abbino voluto risicare inconsideratamente i loro
effetti, e che abbiano per conseguenza procurate le loro assi-
curazioni dai loro corrispondenti.

Niente di più acconcio potrebbe accadere agli interessi ed ai disegni de' Genovesi che lo stabilimento del preteso diritto, per cui riescirebbe loro con tutta facilità di assicurare il loro commercio, e di garentire tutti i loro effetti con mendicati documenti e con false polizze di carico dirette in testa di forastieri, ed eternare per tal maniera l'ingiusta ed ostinata guerra che fanno a questa nazione con pochissimo o niun loro dispendio.

La deferenza ed i riguardi che voleva avere questo governo per le nazioni amiche e neutrali diedero veramente motivo al manifesto dell'anno 1760; ma la facilità troppo grande che per una parte han ritrovato i Genovesi nei stati amici e neutrali di scuoprire e giustificare le loro frodi ed artifizj, e far valere contro de' Corsi le imposture più patenti e manifeste; e per l'altra l'acerbità del contegno con cui, in questi medesimi Stati, è stata troppo mal ricambiata questa nazione, hanno da molto tempo posto in necessità questo governo di attenersi al diritto comune, e di eseguire la pratica delle altre nazioni riguardo al corso degli armatori ed alle loro prede.

E per rapporto alla Toscana, per quanto questo governo abbia costantemente desiderato di coltivare con essa la buona intelligenza e vicinanza, come mai potrebbero ora chiedergisi delle compiacenze e dei riguardi, in vista d'una lunga e disgustosa serie di mali trattamenti fatti in Livorno a nazionali Corsi ed alla loro bandiera (che passano oramai in aperta ostilità), e specialmente dopo l'arresto seguito costì di fresco, e contro il diritto delle genti del corsaro Nobili, e di altro legno predato ultimamente nei mari di Genova?

Io non posso dissimulare all'E. V. tutta la sensibilità e sorpresa di questo governo alle reiterate notizie di tali indoverosi contrattempi, che difficilmente potrebbonsi giustificare, e che certamente fanno più ingiuria alla giustizia ed alla imparzialità di cotesto governo di quel che rechino danno a questa nazione.

Ecco quanto ho dovuto dirle all'oggetto de' suoi richiami, ed in giustificazione del diritto che compete agli armatori di questa nazione riguardo alle loro prede. Del resto poi se i negozianti di Livorno, che si ritrovano interessati in queste prede, hanno delle ragioni particolari per riclamare, ora che si stanno formando i processi per giustificare la loro validità, possono presentarsi con i loro ricorsi, e l'E. V. può assicurargli che mi farò carico di far loro rendere quella giustizia che può loro competere.

Toccante il carico del salnitro ritrovato nel bastimento del padrone Bolasco genovese, questo padrone, che qui tuttavia ritrovasi, nelle sue replicate deposizioni costantemente asserisse che egli portava bensì a vendere il suo carico di salnitro in Toscana, ma essere questo carico il suo proprio negozio e di altri mercanti Genovesi, e non avervi interesse alcun Toscano. Dal che potrà Ella sempre più certificarsi della irragionevolezza ed insussistenza dei ricorsi che Le vengono fatti rapporto alle prede degli armatori corsi.

Incontro anch'io con maggior gradimento l'opportunità di avere coll'E. V. una immediata corrispondenza ; e l'opinione che devo avere della di Lei imparzialità e rettitudine, mi fà sperare che potranno, per di Lei mezzo e co' suoi buoni uffizj, terminarsi con soddisfazione tutte le attuali pendenze, rimuoversi la lunga ingiuriosa quarantena (che com'Ella non può ignorare, non tende che a promuovere gl'interessi de' nemici di questa nazione), e ristabilirsi la buona intelligenza ed armonia fra le due nazioni, onde avere frequenti occasioni di poterle contrassegnare i sentimenti della più perfetta stima.

# Paoli a Burnaby

*Corte, 18 aprile 1768.* — Stimatissimo Amico. Ieri l'altro ho ricevuta la sua lettera degl'11 del mese corrente. Voglio sperare che di molto profitto ed avanzamento le riuscirà il suo ritorno in Londra. Io in Corsica ed in ogni luogo avrò sempre presente quanto devo alla sua amicizia. L'acchiusa lettera è in risposta ad un gentiluomo che mi domandava notizia di un suo fratello, che l'estate passata venne da me a domandar servizio. Gli feci conoscere il nostro Stato, e quanto poca apparenza eravi che fra noi avesse potuto far spiccare i suoi talenti militari. Ne fu convinto, e se ne partì: mi lasciò buon'opinione del suo valore e della sua perizia nella scienza della guerra; era questo...

Il Buttafuoco, ho inteso stamane che sia giunto in Bastia; vedremo quali progetti di accomodamento ci porterà. Da ogni parte avvisano che veramente Genovesi hanno ceduto alla Francia ogni lor diritto sopra la Corsica : Siamo vicini a qualche grande avvenimento. Son ancor io di sentimento che i Francesi volendo profittare per loro stessi di tal cessione vedono una guerra vicina, e vogliono trovarsi qualche cosa in mano ; se non potranno ritenerla, servirà per un compenso alla pace. Può immaginarsi ora quali siano le nostre sollecitudini. Ne' fogli di Londra però non vedo preparativi. Aspetto con impazienza il libro di M. Boswell per profittar delle di lui scoperte. Mi continui l'onore della sua corrispondenza Io sarò sempre per lei, colla maggior sincerità del mio cuore, suo affezionatissimo amico e servo.

P. S. L'Abbate Gili mi ha scritto a favor di M. Jermy. Se l'armatore fosse stato a conto pubblico avrebbe Ella conosciuto il mio attaccamento. Ma a privato non mi resta che l'imparzialità del giudizio, e buona insinuazione coll'armatore, perchè usi agilità. Con tal ripiego potrò nondimeno giovare.

## Paoli a Cocchi

*18 aprile 1768.* — Ho ricevuto la lettera che mi scriveste da Livorno, e quella ancora che immediatamente mi scriveste da Firenze, concernenti li feluconi di Lerici, Nobili e la quarantena. Ieri l'altro ne ricevei altre quattro nel piego dell'abbate Gili. Questo povero uomo quanto mi travaglia. Il felucone predato sento che ha licenziato e rimessa la quarantena d'osservazione ; ma da Livorno me ne scrivono con tanta poca precisione che non ne ho la necessaria sicurezza. Niente hanno sentito più di quel che vedrete concernente il corso de' nostri feluconi ; se vogliono far valere pretensioni insussistenti, lo faranno colla forza. Non sono in perfetta salute, e ora me ne bisognerebbe più che mai : sono affollato dagli affari. Ora apprendo anche il ritorno di Buttafuoco in Bastia ; sarà quà domani l'altro. Da ogni parte scrivono che la Repubblica ha ceduto alla Francia ogni suo diritto sopra la Corsica. Vedremo qual piano di accomodamento ci si proporrà ; quella corona non avrà tutto il nostro merito e la nostra consolazione. Se codesto gazzettiere è stato ben pagato da qualche mio malevole per inscrivere nel suo foglio l'articolo del 24 marzo, supposto di Corti, lo perdono specialmente se mi assicura concludentemente che a qualche gran Potenza dispiacerebbe che ci fosse usata supercheria, altrimenti, mi vendicherò di lui, non credendo più quanto si avanza nel di lui foglio. Probabilmente siamo alla risoluzione del nodo Gordiano ; finora ho sostenuto i diritti della libertà ; gli sosterò ancora, se qualche stame malefico non mi assassina e distrugge quel che sono, per darmi un'altra serie di massime, di desideri e di pensieri. Ogni uomo può mancare, specialmente quando deve rappresentare per sè e per gli altri. Se dovessi rispondere per me solo, mi fareste torto a dubitare un momento della mia determinazione ; ma l'uomo metafisico non mi farà torto. Vedete da queste mozze espressioni che il governatore di Livorno, Nobili, Arena, la quarantena e Lerici non sono ora li più importanti miei pensieri. Se non vi e accomodamento, e che la superchieria non ci opprima, medito un progetto che non dovrebbe mancarmi, e che potrebbe mettere in istato di tentarne altri più decisivi. Ho ricevuto gli opuscoli ma non gli ho ancora aperti. Ieri ho fatto piantar le patate (1), ma già si conoscono fra noi, e in molti luoghi ne piantano : le metterò in credito, procurando averne ogni mattina alla tavola. Il mastice (2), non si ritirerà da' nostri che son figli di San Tommaso che vogliono vedere per ridursi a desiderare e fare poi. Mandatemi un pratico : lo stipendierò. Abbiamo in abbondanza dell'erba appiccicamano, *Rubbia tintorum* : procuro che ne prendano le radici, che si vendono bene ; non so se vi riuscirò quest'anno. Ho acquistato un immenso terreno per l'Università : oh quante famiglie potrei mettervi! lo faccio ora diceppare. Per l'argento Sisco, vi lascio arbitro ; fateci del bene, e poi, almeno qualche mese l'anno, venite a veder gli amici, che non vi mancheranno di una corrispondenza amichevole. Ricordate le mie obbligazioni al Cav. Mann ; i miei rispettosi complimenti alla Signora Tullia. Il vostro amico.

---

(1) C'est Paoli qui a introduit la pomme de terre en Corse. Il en fit une distribution dans tous les villages. Ses adversaires l'appelèrent *General delle Patate.*

(2) Le mastic se fait avec le *Lustinco.*

# Paoli a Cocchi

*Corte, 18 aprile.* — Stimatissimo Signor Cocchi. Avrei desiderato che le nostre pendenze con Livorno fossero state così trattate e risolute per di lei mezzo, poichè, per quanto buone possano essere le disposizioni e le intenzioni del Sig. Governatore di Livorno, non posso altrettanto ripromettermi di tutte le persone che gli stanno attorno, onde poter sperare di veder totalmente cessate le ingiurie e migliorati i trattamenti che si fanno ai Corsi in Livorno. Nientedimeno, poichè egli mi dice di scrivere d'ordine di Sua Altezza Reale, io ho dovuto rispondergli, e le compiego qui la minuta della mia risposta, unitamente alla copia della di lui lettera. La prego di esaminarne tutti gli oggetti e fargli valere costì secondo le occorrenze, e d'insistere specialmente sul rilascio e sul risarcimento del Nobili, il quale è incontrastabilmente nazionale corso, avendo in Corsica casa, effetti e famiglia, ed essendo attualmente al soldo della nazione. Anche qui si era sparsa notizia che fosse venuto ordine in Livorno di rimuover la quarantena; ma le ultime lettere che di colà ricevo niente mi dicono se quest'ordine abbia avuto realmente il suo effetto. Sono.

# Paoli a A. Ceccaldi

*Corte, 19 aprile 1768.* — Stimatissimo Signor Compare. Non trovate pretesti, ma venite; per partorire, la vostra Signora non ha bisogno di voi ; anzi gli uomini di garbo, in in tali circostanze, procurano trovarsi lontani. Qui voi sapete bene che non ci è che il Signor Belgodere, ed affari ne sopraggiungono ogni giorno. Quel che volea farmi legger la Signora Cecca me lo potrebbe mandar ; dopo letto glie lo rimanderei. Se non ne vuole far niente, non so che farci nemmen io. Sull'altro affare, ne voglio vedere il netto. I miei complimenti alla vostra Signora ed alla Signora Cecca, ma se mi manda le notizie per li canali impercettibili. Sono con tutta la stima.

## Paoli a Ceccaldi

*Murato, 20 aprile 1768.* — Carissimo Signor Compare. Per farvi uscir d'impegno, si scrive che ora marcino tutti quelli che non marciarono con voi e Peppo. In appresso, marceranno per terzi. Venite poi qui con Peppo (1). Mando Nicodemo in luogo del Vinciguerra, che domanda la muta per qualche giorno. Lasciatevi guidare da chi vi vuol bene davvero, ed è vostro affezionatissimo.

## Paoli a Cocchi

*Corte, 22 aprile 1768.* — Stimatissimo Signor Cocchi. Passa per costà il Padre Morazzani, incamminato alla volta di Roma

---

(1) Peppo Buttafuoco.

per il capitolo generale della sua religione. Egli le darà a bocca le notizie correnti della Corsica. Pochi giorni addietro Le ho inviato altro piego sugli affari di Livorno, e voglio sperare che l'avrà ricevuto. Sono....

## Paoli a Ceccaldi

*Corte, 1° maggio 1768.* — Stimatissimo Signor Compare. Avete fatto una gran fatica. Bravo. Al vostro arrivo vi premieremo. Mi consolo però colla Signora Giulia Mattea che siasi sgravata felicemente, cui prego a fargliene gradire le mie congratulazioni. Ora non avete più pretesto di trattenervi costì. Vi saluto e sono con la solita cordialità.

## Paoli al Marchese di Bourbon
## Governatore di Livorno

*3 maggio 1768.* — Eccellenza. Studiandosi i nemici di questa nazione di attraversare per ogni via possibile il di lei piccolo nascente commercio, fra i mezzi che hanno adoperato per venire a capo di questo loro disegno, uno è stato quello di far credere che i riguardi della sanità erano totalmente trascurati nei porti e scali di questa nazione, e che non vi si osserva alcuna delle regole solite a praticarsi dalle altre nazioni relativamente a questo geloso e importante oggetto.

Questi apparenti pretesti, più che in ogni altro luogo, è

riuscito e riesce tuttavia ai Genovesi di far valere nella Toscana, e di farvi tenere lungamente e costantemente sospesa questa nazione, la quale non conoscendo quasi altri porti che quelli della Toscana, e facendovi un commercio, non totalmente spregievole, sembrava che avesse motivo di doverne meno temere, e specialmente dopo la piena ed esatta relazione delle regole e diligenze che, a norma delle altre nazioni, si osservano in Corsica in materia di sanità, fatta rimettere qualche tempo addietro da questo governo a cotesto Tribunale di Sanità in Livorno.

È cosa troppo notoria e manifesta ad ognuno per non poterne dubitare, che i corsari di questa nazione non ritornano mai nei porti e scali della medesima senza osservarvi esattamente la quarantena che (tanto ad essi quanto alle loro prede, equipaggi e marcanzie) viene prescritta, e che sono obbligati di consumare non in qualunque scalo, ma in luoghi ove si ritrovano stabiliti postamenti militari della nazione, e persone incaricate di invigilarvi con buone guardie.

Queste precauzioni e diligenze sono ora più che bastanti, attesa la presente situazione della Corsica, e l'attuale ristrettezza del suo commercio.

Qualora poi, ne' tempi a venire, avesse questo ad ampliarsi ed estendersi a luoghi e mercanzie sospette che avessero bisogno di più strette e lunghe diligenze, penserà la nazione ad erigere, come le altre, i suoi lazzaretti, o a prendere nei casi particolari altri espedienti per assicurare l'interna pubblica salute, ed anche per togliere in questo capo ogni motivo di sospetto ai vicini.

Ecco quanto ho l'onore di dire all'E. Vostra all'oggetto della quarantena, ed in risposta alla sua lettera de' 23 dello scaduto, nel mentre che passo a rinovarle l'atto della più perfetta e distinta stima, con cui ho l'onore di essere.

# Paoli a Cocchi

*Corte, 3 maggio 1768.* — Stimatissimo Signor Cocchi. La quarantena, appena rimossa, fu posta un'altra volta ; voglio che vediate il palliato motivo che se ne adduce. Dalla risposta vi accorgerete che siamo stracchi di pregare a chi sembra d'aver poca voglia di passar con noi in buona armonia ; pure potreste farne costì una leggiera lagnanza. Se non danno un definitivo riparo, prenderemo le nostre misure.

Avrete ricevuta una mia lettera che, il giorno 17 aprile, vi hanno spedito da Livorno ; da essa ed a viva voce dal Morazzani, che, andando a Roma al capitolo generale, dovea passare per costì, sarete a quest'ora informato delle notizie correnti, e dello stato delle nostre cose. Ho letto i due articoli di Genova in data de' 16 e 23 ; il vostro corrispondente sembra ancora il dubbio ; ma a Bastia si dà per certa la cessione ed il pronto arrivo di molti battaglioni francesi ne' presidi. I Genovesi dicono pubblicamente alli vostri nazionali : Sotto il Governo della Francia renderete giustizia alla dolcezza con cui venivate trattati dalla nostra Repubblica. Non vedo però disposizione nel nostro popolo di ridursi al caso di fare questa sperienza ; sente anzi di mala voglia questo preteso acquisto della Francia. Temo alla Consulta trasporti e rumori, tanto vedo la gente allarmata ed inasprita. I miei complimenti alla Signora Tullia. Sono di vero cuore...

## Paoli a Ceccaldi

*Corte, 10 maggio 1768.* — Stimatissimo Signor Compare. Voglio sperare che a quest'ora la Signora Giulia Mattea sarà fuori di pericolo. Pure, se continuasse la sua indisposizione, per mezzo del Signor Buttafuoco procurate che venga M. La Chapelle. Egli ha delle cognizioni assai particolari sopra i mali delle femmine. In caso che vi abbisognasse medicamenti di perfezione, la mia cassetta è al servizio della Signora Comare. Vi prego, se è guarita, fargliene gradire i miei complimenti, e, se continua nel suo incommodo, farla persuasa che al pari di chiunque io ne provo pena, e desidero il di lei ristabilmento. Vi saluto e sono.

## Il Cav. Mann al Conte di Rosemberg (1).

*Firenze, 12 maggio 1768.* — Io ho di frequente espresso a V. E. l'apprensione in cui ero per rapporti ed altre informazioni che i Francesi avevano in mira di farsi padroni della Corsica. Benchè io non ne avessi allora tali prove, come mi sono venute alle mani in questi due giorni, e benchè il più stretto segreto mi sia stato ingiunto, il rispetto e la venerazione ch'io professo pel Granduca, l'interesse che io sinceramente prendo pel benessere del suo Stato, e la fiducia che io si giusta-

(1) Pièce traduite de l'anglais par M. Livi.

mente ripongo in V. E. non mi permettono di nascondervi
ciò che tanto sembrami meritare l'attenzione di S. A. R.
Perciò non perdo tempo in farvi sapere che il general Paoli
mi ha mandato una persona nella quale egli ha la più gran
fiducia, per informarmi che il Duca di Choiseul gli ha testè
fatto la proposta di cedere alla Francia in perpetuo l'intera
provincia di Capocorso, tirando una linea da Bastia, in modo
da includere questa città e San Fiorenzo, insinuando, che,
sotto queste condizioni, quella Corte lascerebbe il resto del-
l'Isola a disposizione dei Corsi. Il general Paoli fu tanto più
sorpreso di ricevere tale proposta, in quanto che egli asserisce
che il Duca di Choiseul gli aveva sempre promesso che il
prossimo agosto, allo spirare del loro trattato colla Repubblica di Genova, le truppe francesi aurebbero evacuata l'isola
e che i Corsi sarebbero stati lasciati in piena libertà di prendere i luoghi marittimi non occupati da loro. Perciò, la fiducia in queste ripetute promesse ha sempre tenuto il general
Paoli affatto sicuro, non sospettando menomamente che il
Duca di Choiseul nascondesse il disegno che ora ha manifestato. Egli perciò spedì immediatamente una rimostranza,
concepita nei più forti termini, ed esprimente la sua sorpresa che il Duca di Choiseul dovesse così a un tratto de-
viare dalle sue prime promesse, e ch'egli dovesse ora doman-
dare per la Francia quello che, come mediatore fra lui e la
Repubblica di Genova, non aveva mai chiesto per loro; e che
in ogni caso, sarebbe meno pericoloso per la libertà e indi-
penza de'Corsi di accordare quelle condizioni anche ai Genovesi (i quali essi potrebbero sempre mantenere nei loro limiti) che dar così piede nell'Isola a una nazione tanto
potente, che presto si troverebbe in grado di dettar legge a
tutta l'isola. Egli perciò rigettava la proposta dichiarando
che i Corsi sacrificherebbero tutto per la loro libertà e totale
indipendenza. Questa animosa risposta offese il Duca di Choiseul tanto che, in seguito a qualche conferenza, egli rimandò

l'ufficiale con una risposta verbale, ordinandogli di dire al Paoli « qu'il prenait trop le ton d'égalité avec le Roy, et qu'il ne se mêlerait plus ni pour la totalité, ni pour le particulier.»

L'ufficiale chiese al ministro francese di spiegargli quella espressione; ma egli rispose soltanto che il Signor Paoli l'avrebbe capita.

La costernazione in cui tutto ciò ha messo il Paoli è accresciuto dai giornalieri rapporti che i Genovesi hanno fatto, o intieramente o in parte, una cessione dell'isola alla Francia, e che un grosso corpo di truppe è pronto per esservi mandato. Se questo dovesse avvenire, la penetrazione di V. E. vi suggerirà le mire che la Corte di Francia deve avere assumendo un impegno tanto dispendioso quanto fastidioso. Voi vedrete subito le male conseguenze che in tempo di guerra devono sorgere dall'esser essi padroni della navigazione di tutta questa parte del Mediterraneo, e più particolarmente di quella che tutte le potenze d'Europa tengono col porto di Livorno. Io perciò non aggiungerò altro su quest'argomento se non che pregarvi di non comunicare il contenuto di questa lettera a nessuno di costi, eccettuato S. A. R., e di presentarle in quest'occasione i miei più rispettivi ossequi...

## Paoli a Cocchi

*Corte, 14 maggio 1768.* — Stimatissimo Signor Cocchi. Piaccia al Signore che la nostra rimostranza sia considerata. Ho per le mani la Consulta: facilmente si faranno armamenti in mare; inquietando nella navigazione i nostri nemici, li tocchiamo nella parte più sensibile. Ho tirato il conto che il Capo-Corso ed i Presidj in una occorrenza possono dar 4,000 marinari. Non vi stupite : tutti i Corsi delle marine sono atti al mare ; fa più di 3 mila famiglie il Capo-Corso, e tutti gli uomini hanno navigato : lo stesso posso dire de' presidiani ; legni di costruzione ne abbiamo in abbondanza. Or ridete, ma convenite che possiamo divenir forti in mare, e se avessimo le navi di Tolon, ne potressimo amarinare una buona parte. Son mezzo malato, e vorrei divertirmi a dir minchionerie, ma non posso. Permettetemi che finisca col protestarmi al solito.

## Paoli al Governatore di Livorno

*Corte, 31 maggio 1768.* — Eccellenza. Mi perviene la lettera dell'Ecc. Vostra de' 7 dello spirante, contenente le private riflessioni che Ella ha creduto di fare alla mia degli 11 dello scaduto aprile. Le occupazioni della general Consulta della mia nazione tenuta in questi giorni, non mi hanno permesso di farle prima d'ora la risposta.

Il diritto che comprende indistintamente sotto i riguardi di buona preda tutti gli effetti caricati sopra bandiera nemica è presentemente in pratica presso tutte le nazioni che si fanno guerra in mare. I consoli delle nazioni residenti in cotesta piazza, incaricati degli interessi de' negozianti loro connazionali, hanno riconosciuto questo diritto, ed hanno creduto perciò di non aver luogo a riclamare per rapporto agli effetti predati, appartenenti ai detti loro connazionali. Nè è da credere che queste nazioni troppo ragguardevoli ed i loro sovrani abbiano voluto stabilire questo diritto sulla ragion del più forte e sull'abuso del loro potere, come par che Ella creda : ma deve piuttosto desumersi che vi siano

stati mossi da giustissimi motivi, e per evitare le collusioni
e le frodi troppo facili a praticarsi in questo genere.

Per rapporto ai Corsi, questo diritto ha un riguardo tanto
più speciale di necessità e di giustizia, quanto sono più palpa-
bili e manifeste le frodi e gli artifizj de' Genovesi per occul-
tare i loro effetti, e le facilità che trovano presso i forastieri
in dar loro la mano. Gli esempi ne sono tropo chiari e frequenti. Gli effetti che ora si richiamano, o erano caricati per
la maggior parte in Genova, o erano indirizzati a Genova.
Eppure non se ne trova alcuno che appartenga a Genovesi,
ma tutti si ritrovano di conto di forestieri ; lo che basta a
provare la frode e la mala fede.

Non so quale esemplare Ella abbia sotto gli occhi del manifesto di questo governo. In quello de' 20 maggio 1760,
pubblicato colle stampe, altro non vi si dice che di usare
ogni possibile riguardo ai Sovrani d'Europa ed il dovuto rispetto ai loro diritti. Non ha con ciò questo governo rinunziato al diritto comune che compete agli armatori corsi come
a quelli delle altre nazioni ; nè fu mente allora di esso governo di imporvi una necessità di riguardi, le di cui leggi
sono reciproche, nè di comprendere in questi riguardi gli effetti e mercanzie caricate non solamente sopra bandiera nemica, ma caricate inoltre e indirizzate in paese nemico, come
sono quelle che ora si richiamano. E volendo anche il governo
di Corsica in questo caso far valere in tutta l'estensione i riguardi, non era in sua libertà di farlo, appartenendo l'armamento a particolari che riclamano il diritto che loro compete
sulle lor prede.

Riguardo alla bandiera di Gerusalemme, sarò contento che
V. E. giudichi della sua validità. Ella non ignora le regole
a cui si attendono rigorosamente tutti i Sovrani d'Europa di
non accordare la loro bandiera che a propri sudditi ed a bastimenti il di cui equipaggio sia composto almeno di due terzi
di sudditi. Io non so qual diritto possa autorizzare un pri-

7

vato religioso di S. Francesco di dar bandiera e passaporto a gente che non ha minima relazione con Gerusalemme, ed a sudditi di una nazione che è attualmente in guerra con un'altra, e fuor le persone del loro equipaggio erano genovesi.

Le pretese insolenze, gli eccessi e le mancanze di rispetto alla sovrana giurisdizione di Toscana, che si dicono commesse dai Corsi, non sussistono che nelle false e maligne relazioni che è riuscito di far valere ai nostri nemici per conciliar odio alla nazione ed ai di lori armatori. Le vie di fatto tenute contro tanti poveri Corsi hanno ecceduto le comuni regole che si praticano colle altre nazioni; ed io, rammemorandole nella antecedente mia lettera, non ho avuta altra idea che di passarne seco Lei una semplice doglianza, nella fiducia di poterle veder cessare per di Lei mezzo, ben lontano da voler suscitare nuove ed inutili contestazioni troppo aliene dalla mia maniera di pensare.

I fatti che si rapportano, presi dalla più lontana origine, erano stati dilucidati colla maggior evidenza. L'Antonmatteo Arena non fece nell'anno 1762 alcun armamento in Livorno, ma comprò un bastimento armato alla vela, lo che non si opponeva alle leggi della Toscana, nè a quelle della neutralità dello Stato. A riguardo di un fatto così innocente, si fece cadere il risentimento sopra il conte Peri, arrestato in Livorno col suo corsaro ed equipaggio, e tenuto per quasi un anno in codesta fortezza.

Con diversi fogli e memorie ero stato pure giustificato che il Giuseppe Arena (1) colle prede da lui fatte due anni ad-

---

(1) Les Arena étaient quatre frères, Barthélemy, Antoine, Joseph et Philippe. Barthélemy fut député en 1791, et député aux Cinq-Cents en 1798. Hostile au 18 Brumaire, condamné à la déportation, il se sauva à Livourne et mourut en 1829 dans la gêne. Joseph fut nommé chef de brigade à Toulon, député en 1795, fut arrêté le 10 octobre 1801, après l'attentat de l'Opéra, et condamné à mort le 30 janvier 1802 ainsi que Ceracchi.

dietro, non avea offesi i diritti della costiera littorale di Toscana, per essere state fatte le prede fuori dei limiti ove potessero i predati riclamare il diritto di protezione della mentovata costiera. Ed è questa la prima volta che dopo due anni si parla d'armamento fatto dall'Arena in Bocca d'Arno. Mentre si stava attualmente comprovando la validità delle prede controverse con ragioni di diritto e di fatto, capitato in Livorno il capitan Durante, altro armatore di questa nazione, vi fu arrestato col suo corsaro, carcerato il Giuseppe Arena che v'era sopra, e licenziata una preda fatta da quell'armatore, e sopra la quale non poteva cader controversia.

Riguardo al Nobili, carcerato pure in Livorno, è nato egli di padre e madre Corsi, che, a motivo della guerra di Corsica, si erano ritirati in Toscana, ove la bontà de' Sovrani di quel tempo ve li faceva riguardare come naturali del paese ; ma non per questo aveano essi rinunziato al diritto naturale di nazionali corsi. In fatti, il vecchio Nobili era ora ritornato alla sua patria col figlio e con tutta la famiglia per godervi de' suoi effetti e della sua casa che ancora vi riteneva. Quanti sudditi toscani domiciliati in paesi esteri vi godono impieghi e cariche come tutti gli altri sudditi di detti paesi? Si stimeranno questi perciò decaduti dai diritti naturali ed originarj della lor patria? O crederà S. A. R. di aver perduti sopra di loro i suoi diritti di sovrano, ritornando specialmente nel suo Stato e possedendovi beni ed effetti? Tale è il caso del Nobili ; se non che, avea egli di più un speciale impegno con questa nazione, per essere entrato al di lei soldo.

Che poi il Nobili abbia fatta la sua preda sotto il tiro del cannone di una torre della costiera di Toscana, ho luogo di credere che V. E. non ne sia persuasa, e voglio sperare che avrà prese su di ciò le più sincere e veridiche informazioni. Il Nobili avea fatta la preda in distanza di molte miglia dalla costiera, ed essendo inseguito da tre lancie nemiche andò con tutta la buona fede a rifugiarsi sotto la torre della Troia, nella speranza di trovarvi l'asilo. E quando anche si avesse avuta qualche ragione di arrestare il Nobili per ragion della preda, la maniera però tenuta con averlo fatto legare con tutto il suo equipaggio prima che fosse riconosciuto il suo delitto, è totalmente fuor delle regole, e, più che a punir rei, sembra diretto a mortificare ed avvilire i nazionali corsi che servono la lor patria.

Ecco quanto posso dirle in replica alla sua lettera, nel mentre che, con i soliti sentimenti della più perfetta e distinta stima, ho l'onore ecc.


## Paoli a Cocchi

*Corte, 1° giugno 1768.* — Stimatissimo amico. Ho ricevuto le vostre lettere del 14, 17 e 22 maggio colla risposta del generoso amico (1). Se potessi difender la mia patria dal pericolo in cui si trova come lo potrei dall'ingiusto rimprovero che mi fate, son sicuro che a me non attribuireste la negligenza con cui il mondo par che osservi la superchieria che ci si vuol fare.

Vi acchiudo le stampe uscite in tempo della general Consulta : il mio discorso è balbuziante, perchè non ho dovuto maggiormente sdegnare chi mi sta sopra colla scure in alto ; ma pur dico la mia ragione a chi vuol sentirla.

In Ajaccio a quest'ora sono arrivati quattro battaglioni ; se ne attendono altri. Di questi sono passati 300 uomini in Bonifacio. In Calvi pure è sbarcato un battaglione ; se ne aspetta almeno un altro. Il maggior numero s'attendono in Bastia.

(1) Cav. Mann.

Il nostro popolo è veramente inasprito a vista di tanto contrattempo inaspettato, e finora mostrasi disposto a voler difendere la sua libertà ; ma in quanti luoghi ci sarà malagevole potete immaginarvelo, ora che conoscete la situazione di questo paese. Faremo quel che possiamo. Incolperanno la nostra debolezza, la nostra imperizia nell'arte della guerra; mai però la sincerità del nostro zelo per la libertà. Vi abbraccio. I miei complimenti alla Signora.

La poca nostra truppa ora è in Alata, e tra Farinòle e il Capo-Corso. Il colonnello Buttafoco sento che sia richiamato. A quale si getterà questa polvere negli occhi ? Sento ora che le guarnigioni Genovesi di Calvi, Ajaccio e Bonifacio s'imbarchino per Genova.


## Paoli a Burnaby

*Corte, 1° giugno 1768.* — Stimatissimo Signor Burnaby. Non ho ricevuta la lettera che il Signor Conte Rivarola mi assicura avermi Ella scritta da Torino. Le acchiudo le stampe uscite in questa ultima generale Consulta. Se il nostro popolo avesse i mezzi per la guerra proporzionati all'attaccamento ed ardore che dimostra per la libertà, potrei ripromettermi di qualche fortunato avvenimento (1). Non faccio a lei riflessioni sopra la cessione fatta dalla Repubblica alla Francia; farei torto alla sua penetrazione. In Ajaccio con un Maresciallo di campo sono sbarcati 4 battaglioni, de' quali 300 uomini per

(1) La Casinca, où Paoli comptait de si nombreux amis, se laissa corrompre par l'or et les promesses d'emplois. Le Piévan Viterbi fit cependant exception à la règle générale.

mare son passati in Bonifazio : in Calvi è sbarcato un battaglione ; nell'uno e nell'altro luogo ne attendono in maggior numero. Le guarnigioni genovesi sentesi che s'imbarchino per Genova. Il maggior numero di gente lo attendono in Bastia, da dove probabilmente principieranno le ostilità. La poca nostra truppa è in Capocorso e Nebbio ed Alata in faccia ad Ajaccio.

Sarò sempre colla maggior cordialità il suo affezionatissimo amico.

## Paoli a Cocchi

*Corte, 9 giugno 1768.* — Stimatissimo Signor Cocchi. Qui le cose sono nell'istesso piede. Il nostro popolo finora è costante. In Ajaccio, ove sono 4 battaglioni a quest'ora, fanno preparativi per altra truppa, cavalleria e truppa leggiera. I nostri sono in osservazione in Alata. In Calvi, aspettano altri due battaglioni. In Bastia e in San Fiorenzo dicono che arriverà il corpo più considerabile ; e si crede che le mire sono di tagliarci la comunicazione col Capo-Corso. I Francesi dicono che non vogliono far guerra con noi ; ma poi non dissimulano che dobbiamo esser sudditi della Francia. Il nostro popolo non si vede a questo patto ricompensato di tanto sangue sparso in sì lunga guerra, e come noi penserebbono gli antichi Toscani, se per un momento ritornassero alla luce del giorno per veder la nostra situazione, ed a considerare il torto e l'ingiustizia che ci si vuol fare. Vi acchiudo le notizie che ci traspirano da Genova. In Bastia avrei contrasto. I Genovesi prevengono colà i loro amici che la cessione non è perpetua, ma *ad tempus* : i Francesi si tengono offesi di questo, e protestano che il loro Re non l'avrebbe accettata se non fosse perpetua.

Le prese fatte dall'armatore Tiburzj l'altro giorno sono state rilasciate a di lui arbitrio. La nostra mezza galera che già è in corso, si è conosciuta coll'esperienza assai reggente e velocissima. Io credo che i nostri corsari faranno questa volta una scoribanda uniti.

Dovendo scrivermi, rimettete le vostre lettere alla Monaca (1), ma incaricandola di non consegnarle che a persona cauta. Mi manca una lettera del Signor Burnaby e sono 17 giorni che il padron Gaetano non si lascia vedere in Corsica.

Prima di finir la lettera voglio dirvi una particolarità accaduta in Ajaccio. Uscita dalla cittadella la truppa genovese ed imbarcata sui bastimenti, fu inalberata sul maschio la bandiera di Francia. Si procurava, gettando danaro ai ragazzi, ed al minuto popolo chè gridasse : *Viva il nostro Re ;* le voci erano così languide ed in poco numero che i Genovesi se ne gloriavano dicendo : Vedete ora come conoscono la perdita che fanno.

Uno Svizzero del reggimento Anhalt disse franco e netto : Questa gente non griderà mai di cuore finchè si vede in poter de' forestieri. Attendo con impazienza qualche vostro riscontro. I miei complimenti alla vostra Signora ; se si trovasse ora ella in questo paese, dove non si parla che di accomodare fucili, ed altri dicono di voler morire, altri di volersi sagrificare, e fin le donne parlano con baldanza, son sicuro che si crederebbe nel paese delle Furie. Cordialmente salutandovi, vi abbraccio e sono...

---

(1) **Rivarola** qui était à Livourne.

## Cocchi al P. Morazzani a Pisa

*Mercoledì n° 1. Firenze, 15 giugno 1768.* — Non son venute oggi lettere d'Inghilterra, ma domenica verranno almeno quelle d'oggi, onde voi aspetterete. Io ho ricevuto lettera del G. P. (1) di Corte del 1° giugno. Il colonnello Buttafoco è stato richiamato in Francia. Il C. M. (2) rappresenta alla sua Corte la nazione (3) già risolutissima.

## Paoli al Governatore di Livorno

*Corte, 16 giugno 1768.* — Eccellenza. Qualora non vi sia un disegno positivo di dare orecchio ad ogni sorte di ricorso dei Genovesi, e di farsi giudice di tutte le prede che gli armatori corsi fanno sopra i loro nemici, il richiamo che V. E. mi fa colla sua lettera del 23 detto scaduto, giuntomi in questi giorni, è così poco ben fondato che basta la sola esposizione del fatto per dimostrarne l'insussistenza. Il navicello del padron Bellagamba fu incontrato dall'armatore corso alla distanza di buone 13 miglia dalla costiera di Toscana; non abbisognò molto al corsaro per impadronirsene, perchè il padrone immediatamente abbandonò, e se ne fuggì sulla

(1) General Paoli.
(2) Cav. Mann.
(3) Corsa.

lancia colla maggior parte del suo equipaggio. La distanza da terra era tale che il corsaro inseguì per più d'un'ora a tutta voga la lancia, e la avrebbe anche predata, se il rispetto appunto che egli volle usare alla costiera littorale di Toscana, incaricatogli colla maggior precisione nelle sue istruzioni, non l'avesse ritenuto ; di maniera che, vedendo la lancia in qualche vicinanza alla terra, lasciò di più inseguirla. Il fatto risulta non solamente dalla più circostanziata relazione dell'armatore e dell'equipaggio, ma anche dalle deposizioni delle persone ritrovate nel navicello.

Vede Ella quindi che le ricontate insolenze e temerità, e la supposta scandalosa condotta degli armatori di questa nazione non hanno altra realità che quella che può dar loro una troppo svantaggiosa prevenzione. In vista di che, è tale la fiducia di questo governo nella somma imparzialità e giustizia di S. A. R. che non ha luogo di temere alcuna delle perniciose conseguenze che Ella denunzia nella sua lettera. Colla più perfetta stima ecc.


## Paoli a Burnaby

*Corte, 20 giugno 1768.* — Stimatissimo Signor Burnaby. La di lei lettera de' 12 maggio da Torino l'ho ricevuta li 16 di questo mese acchiusa in una del Signor Edward datata de' 25 maggio da Livorno; temo sia passata per altre mani. Ella avrà ricevuta a quest'ora altra mia colle stampe dell'ultima generale Consulta. A cautela, ne acchiudo anche in questa. Del trattato conchiuso fra la Francia e la repubblica di Genova, non ne ho ancora autentico riscontro; da buona mano bensì mi sono stati trasmessi il primo e secondo Gazzettino. I Francesi a principio, che non credeano i Corsi tanto attaccati alla loro libertà, davano per veridico il primo Gazzettino ; ora non ne parlano più, o tengono discorsi troppo generali inconcludenti, ma diretti solamente ad addorméntare questo popolo, il di cui ardore per la libertà è arrivato al più alto grado. Il terzo Gazzettino esibisce con sincerità l'attuale posizione in cui siamo. Si deve aggiungere che ieri l'altro è sbarcato in Bastia un Reggimento di due battaglioni e ieri, avendo data la consegna delle artiglierie, e degl'Archivj, sopra una posta Francese, s'imbarcava per Genova il Signor Speroni che era vice-gerente per Genovesi in Bastia. I Genovesi son fuor di Corsica ; le apparenze ci fanno dubitar che vogliano (1) perpetuarvi il loro dominio sotto mendicati pretesti : troppo fatale deve esser la nostra disgrazia se riesce ad essi di allucinar e tener a bada le altre potenze, come pare, che si lusinghino di trionfare in tal caso della nostra debolezza. La prego scrivermi se avrà notizie ; ed in ogni evento, ricordarsi di chi è pieno di riconoscenza per la causa della libertà, e le sarà sempre colla maggiore cordialità affezionatissimo amico.

## P. Morazzani a Cocchi

*Pisa, Lunedì, 20 giugno 1768.* — Io aspetterò altre nuove. Non vorrei perdere la concepita speranza. Con la chiamata di Buttafoco si vorrà addormentare la C. (2), ma non so se riuscirà. Sento che i Corsi menano la mano. Voi raccomandate al C. M. chè possa giovare. Riverite il C. M. Addio.

(1) I Francesi.
(2) La Corsica.

## Cocchi a P. Morazzani

*Firenze, Martedì, 21 giugno 1768.* — Le lettere di domenica nulla portarono per noi. Il C. M. (1) crede piuttosto bene da questo indugio. Aspettate fino a domani, chè vi avviserò. Di Corsica, nulla di nuovo. Ricevo la vostra d'ieri. Comunicate al G. P. (2) che il Caposquadra inglese col Console domandò al Doge che cosa doveano scrivere in Inghilterra su questi armamenti de' Francesi : il Doge, dopo consultato il Senato, fece rispondere infine che la Repubblica aveva fatto coi Francesi un trattato che amplificava il primo, che tuttavia sussiste, e che il loro ministro Ageno, partito per Londra, ne avrebbe reso conto. Il Caposquadra, non contento, ha domandato se l'Isola è tutta data ai Francesi ; ma noi non abbiamo ancora la risposta.

## Paoli a Cocchi

*Corte, 22 giugno 1768.* — Stimatissimo Signor Cocchi. Il timore che le lettere non si trafughino o non si ritardino artificiosamente (come è seguito di una del Signor Burnaby, scrittami da Torino, e che mi è arrivata dopo un mese), mi ha fatto prendere il partito di spedire costì apposta il Padre

(1) Cav. Mann.
(2) General Paoli.

Bonaventura di Rostino, religioso fidato. Egli si presenterà da Lei e gli renderà questa mia colla compiegafa per M. Mann. Dall'acchiuso gazzettino sentirà l'attuale situazione delle nostre cose. Nei presidi, non vi sono più Genovesi, ed il vice-gerente Speroni deve essere partito l'altro ieri da Bastia per Genova, ove sono pure arrivati lo stesso giorno due battaglioni dei quattro che vi si attendono. I Francesi prendono misure assai forti, nel tempo che ci lusingano che queste truppe non vengono per nuocere alla nazione ; ma queste sono proteste contro i fatti, poichè abbastanza ci fanno male ritornando in tanto numero al termine dei quattro anni, e quando aveano promesso di ritirarle. Il nostro popolo non può essere nella migliore disposizione ; ma che farà se non è sostenuto al difuori ! Spedisco dunque apposta per avere qualche notizia dall'amico, e spero che egli vorrà dirmi sinceramente se vi è qualche speranza di aiuto per noi, poichè io possa prendere le mie misure.

Avrà ricevuta l'ultima mia con i fogli stampati contenenti la risoluzione dell'ultima general Consulta. Le acchiudo pure le ultime lettere che mi ha scritte il Governatore di Livorno e le risposte che gli ho fatte, dalle quali potrà scorgere che le nostre cose in Livorno camminano sempre sullo stessa piede, e potrà farne all'occorrenza quell'uso che crederà più convenevole. Sono...

P. S. — Quel che si dice nel gazzettino del 3 giugno è realmente quel che passa tra la Francia e la Repubblica. In conferma di che, qualche mese fa avevo veduta lettera di un gentiluomo genovese, che per mezzo di un mio amico, si raccomandava di riavere i suoi beni che ha in Corsica, e diceva nella lettera che tutti quelli che vi avevano beni doveano interdersela con noi, poichè la Repubblica si era disfatta per sempre della Corsica, e ne avea fatta la cessione alla Francia per coprire il suo decoro, ma che la Francia avrebbe dichiarata la nazione libera. Lo stesso ho rilevato da una lettera intercettata del Signor Gnecco, Commissario di guerra spagnuolo, ma genovese di nascita, e che ora è in Bastia. Egli scrivea da Genova al figlio che era in Bastia, incaricato di preparare gli alloggi per i Gesuiti spagnuoli, e diceva nella lettera che gli affari di Corsica erano accomodati, che la Repubblica si era disfatta per sempre della Corsica, e che il governo nazionale avrebbe comandato, e che però, quanto alle cose confiscate che faceva riscattare in Bastia, vedesse d'intendersela con i veri padroni. Diceva di risaper tutto ciò da un senatore suo confidente. Ora è seguito il cambiamento, e la cessione si fa comparire solamente per dieci anni. Chi ne dà l'avviso è un altro cavaliere che ha qualche maneggio negli affari. Ma noi abbiamo documenti più autentici, e finora si è parlato e scritto con riserva; ma se le cose vanno avanti, e molto più se vi è qualche speranza di appoggio al di fuori, parlerò più chiaro.

## Paoli a Cocchi

*Li 26 giugno 1768.* — Stimatissimo Signor Cocchi. Il vostro numero 2 è in data degli 11. La lettera de' 14 non ha numero. Quando le occasioni mi si presentano di scrivervi non le trascuro; forsi prima che vi arrivi questa lettera, ne avrete ricevute altre per mano di un fratuccio che passa in Assisi per suoi affari, e dal quale avrete anche saputo le notizie. Vi aggiungo quella che, nel golfo di San Fiorenzo, approdarono il giorno 21 sedici bastimenti, compresa una fregata ed uno sciabecco. Eccettuato la fregata, se ne sono partiti ier l'altro dopo aver sbarcati nel presidio 2,000 e tanti soldati e molte vettovaglie. Questa truppa, e per motivo di non aver alloggi sufficienti nella fortezza e per quello della cattiva aria, si è accampata alla marino d'Alzo, mezzo miglio lontano dalla stretta di Patrimonio, dove sta la nostra guardia, che occupa ancora le alture. Se amano pretesti di venire alle mani, come sospetto, ne possono avere alla giornata in tanta vicinanza del lupo coll'agnello. In Bastia, oltre i 6 battaglioni che vi sono, ve ne attendono altri con molta truppa leggiera, ed altra maggior forza aspettano in San Fiorenzo.

Il Vicegerente genovese se ne partì anch'esso per Genova. In tutti i presidi, ora ogni cosa si fa a nome del Re di Francia, e si porta l'orazione *pro Rege*.

I capitoli del trattato sono divulgati dai Consoli Genovesi, ed in Genova sono stati dati a varii Consoli di altre nazioni.

Il Padre Morazzani è più desiderato del Messia.

Vi saluta il vostro carissimo amico.

## Paoli a Cocchi

*Li 28 giugno 1768.* — Stimatissimo Signor Cocchi. Il suo nº 4 è in data de' 21, e l'ho ricevuto stamane. Il Padre Morazzani è sbarcato in Centuri. La feluca che lo ha condotto è passata all'Isola Rossa. Qui tutte le cose sono nell'istesso piede che vi ho segnato nell'altre mie antecedenti. Il gazzettiere di Firenze si mostra spesse volte troppo mal informato delle notizie di Corsica. Non è ancora successo alcun atto di ostilità con i Francesi, ed Ella potrebbe assicurarlo che la nostra gente, andando al combattimento, non porta cani. Sopra una navetta svedese approdò l'altro giorno da Tunisi in Portovecchio il Signor Felice Paciola; in Cagliari non hanno voluto riceverlo a quarantena : quel Viceré mi ha prevenuto esservi sospetto di peste nel Levante e nelle coste di Barberia. Gli ho fatto sentire che in tale situazione passi altrove a far la quarantena. Mi è dispiaciuto perchè evvi sopra un Turco, forsi venuto per ringraziarmi della libertà accordata al noto felucone tunisino. Fosse mai che i Barbari avessero pietà de' Corsi in faccia a tutta l'Europa, che mostrasi tanto indifferente nelle loro angustie! La saluto di vero cuore.

## Copia d'una lettera dell'Abbate Zerbi a..... in Roma

*Livorno, 4 luglio 1768.* — Ritornai la sera de' 25 scorso di Corsica in questa città, mio antico nido, con intenzione di menarvi i pochi giorni di vita che mi restano, giacchè l'ingrata patria non mi ha dato nè salute nè pace. La già scrittale acerbissima flussione di occhi mi ha travagliato e tuttavia mi travaglia da cinque e più mesi e mi dà ancora pena a scrivere L'orrenda malvagità di chi comanda mi ha dato la spinta a partire insalutato da tutti. Mi sono imbarcato in Bastia, ove ho ricevuto da tutti generalmente grazie e finezze. I miei padroni ed amici di questa città mi hanno riveduto con piacere. Questo Signor Governatore mi ha fatto graziose esibizioni. Solamente il gran cosmopolitano impostore sfacciato ma non insigne, scelerato ma non illustre, uomo senza carattere, senza religione, mostro di perfidia, ladro pubblico e traditore di patria, idolo di abbominazione e tiranno despotico (1), ha trovato a ridire e a calunniarmi, come fece prima di conoscermi. Egli paga tutti della sua falsa moneta. Lo sa

_____

(1) Beau panégyrique.

Roma la riconoscenza che le ha mostrata ; ruba i proventi delle chiese, e deride la potestà ecclesiastica ; per un cambio di parrocchie de' curati di Lama e Palasca, seguito di fresco, perchè i parrochi non furono a chiederne la facoltà del possesso da lui, furono chiamati e tenuti per 15 giorni in arresto a Corte. Dimando se per questo solo fatto sia incorso nelle censure. Il povero prete Vivaldi di Rogliano, condotto di fresco prigioniere in Corte, vi è crepato in 4 giorni. Posso a chiare note mostrare che tutti i titoli che gli dono sono identificati con lui. I suoi teologi accordano che, alla sua tavola si può mangiar carne la quaresima e tutti i venerdì e sabati dell'anno, e vi si mangia con derisione di chi ripugna. Oh Dio, che cosa è divenuta la Corsica sotto il dispotismo di un ateista manifesto ! È per altro venuto il tempo di veder questo falso idolo infranto ed atterrato. Cerca di porre in combustione la Corsica, ma io spero che perirà nel fuoco che vorrebbe accendere. Poco dopo il mio arrivo, gli scrissi che i malaffetti sussurravano ; ecco la sua risposta. — Corte, 28 gennaio 1768. Lasciate lusingare i nostri nemici quanto vogliono. Secondo le apparenze, e da quanto posso arguire osservando il nostro stato, i malaffetti potranno far male coi secreti maneggi, ma che alla scoperta e nell'interno possano alzar la testa, non lo stimo capace quanto lo spera la Repubblica di Genova ; ma saremo fuori del caso di venire alle mani perchè la Francia vorrà far avere qualche sfogo alla sua mediazione ; almeno io così la penso, abbenchè desidererei al nostro paese ancora 10 anni di guerra. — Conservo la lettera originale, scritta di suo carattere. Ora dice di voler guerreggiare co' Francesi dopo 4 anni di maneggio. Non son bastati 40 anni di guerra e desolazione : ne desidera ancora 10 per sostenersi nel trono del despotismo e tirannia. L'impegno della nazione è stato di liberarsi dalla Repubblica : questo è superato. Saremo francesi, e sotto il dominio di un Re potente. Con solennità e festa la mattina del 24 fu inalberato lo stendardo regio in Bastia, levato il trono dalla Cattedrale, e declamato per sovrano il Re di Francia. Se da questo a Paoli di Morosaglia vi sia qualche distanza, lo chiederò a chi più di me ne sa.

Suivent ces mots de la main de Paoli :

« Quest'uomo non ha avuto il minimo motivo di lagnarsi, se non fosse quello che in Corsica non avrebbe potuto far pubblica la sua declamazione. »

Paoli a tort de dire que Zerbi n'avait aucun motif de se plaindre. Dès 1754, Paoli avait appelé Zerbi, l'*Abbate Coglia!* Voir la lettre du 17 septembre 1754.


## Paoli a Cocchi


*Li 8 luglio 1768.* — Stimatissimo Signor Cocchi. Ho ricevuto ieri il n° 5. Il Morazzani, lento al suo solito, non mi ha mandato la chiavetta del cassettino (1) che gli rimetteste per me. Sentesi che Paciola sia venuto da Tunisi sopra un sandalino svedese, e siavi sopra ancora un Turco, diretto al nostro Generale con alcuni regali del Bey di Tunisi. Questo bastimento, non avendo potuto consumar la quarantena in Portovecchio, è passato in Bastia, dove glie ne sono stati assegnati 20 giorni. Oh che impiccio sarà anche questo! Il preteso Moscovita fu subito squadrato e gli fu detto con politezza che risicandosi in questo modo si corre risico di lasciare il naso o le orecchie in qualche paese dove uno pensa d'andare per far uso di questi sentimenti.

Domani se ne parte ; avrebbe voluto che il Generale gli

_____

(1) La clef du chiffre.

8

avesse dati danari, ma pure credo che gli abbia dati quattro
o cinque zecchini per il suo viaggio. Ha dell'immaginazione,
scrive bene; si è spacciato per uomo di gran cosa. Il General
l'ha ammonito che fa male a dirlo, perchè fa conoscere di
non aver avuto condotta, non avendo saputo sostenere la di-
gnità della sua estrazione. Fu loggiato dalla Francese; l'abbate Gili l'osserva continuamente. Il Generale lo ha veduto
tre volte al dopo pranzo che veniva a trovarlo, sempre la-
gnandosi della diffidenza che si avea per lui. Le notizie le
avrà sapute da quel fratuccio che passava in Assisi. Sono...

## Paoli a Burnaby

*Corte, 23 luglio 1768.* — Stimatissimo Signor Burnaby.
Ricevei la lettera da Torino. Ella deve averne ricevute molte
mie dal mese di maggio a questa parte, dalle quali avrà
compresa la presente critica situazione de' nostri affari, la
quale ancora dura. Ci si dice che non vogliono farci guerra,
ma non si dissimulano in tutti li discorsi che pensano di
cooperare alla nostra felicità incorporandoci alla lor monarchia. *Durus est hic sermo*: il popolo non può sentirlo, perchè
è troppo animato per la sua libertà, senza la quale si per-
suade che la patria mai possa esser felice. Da chi conse-
gnerà questa lettera potrà minutamente essere informato
delle cose· Io sono sempre il suo affezionatissimo amico.

# Paoli a Cocchi

*26 luglio.* — Il frate arrivò qui ieri, e portò tutto. Nessuna lettera con quella del numero sette che avete potuto leggere con la cifra mandata dal P. Morazzani. Quattro giorni addietro approdò all'Isola-Rossa una fregata d'Inghilterra sopra la quale vi era un ufficiale non nativo d'Inghilterra, mandato qui dal grande Tesoriere d'Inghilterra, Duca di Grafton per informarsi dello stato nostro e per sapere ciò che potesse a noi bisognare. Non aveva portato lettera per me, ma aveva la sua credenziale del detto Duca. Un forestiere come questo mi diede a sospettare di qualche inganno; talvolta fu informato quanto basta, e ha conosciuto il nostro bisogno. Partì subito di ritorno con una mia lettera per il ministro Duca. Rivarola mi scrive da Torino che la Corte di Francia nega quello che si dice nel mio discorso della Consulta; se ciò è vero, darò alla luce tutto il carteggio, ma non credo che Choiseul voglia ridurre le cose a questo segno, perchè non gli torna conto. Se l'inviato che è venuto qui fosse d'Inghilterra, gli avrei manifestato tutto il carteggio; ma parlerò troppo francamente. Se voi potete venire qui senza vostro incommodo, vi farò vedere tutto il carteggio con la Corte di Francia, per illuminare il Cavalier Mann e la sua Corte. In altra lettera, scritta di sicuro carattere, avrete le notizie, e sottomano di ciò che fanno ora i Francesi in Corsica. La cifra è troppo mancante e laboriosa.

# Le Comte de Marbeuf à Paoli

*A Bastia, 29 juillet 1768.* — Je viens de recevoir, Monsieur, un ordre de ma cour pour établir la communication entre les troupes de Sa Majesté qui sont à Saint-Florent et celles qui sont à Bastia. Mon premier soin est de vous en donner avis pour que vous voyiez s'il vous est plus convenable de la défendre ou de retirer vos troupes de Barbaggio et de Patrimonio. Comme je suis nécessité d'obéir et d'exécuter mes ordres, je me porterai en avant pour marquer mon exactitude ; mais je ne ferai rien qu'après votre réponse que je vous prie de faire décisive et tout de suite, ne pouvant pas différer sans me compromettre. Je souhaite ardemment qu'il vous paraisse préférable d'attendre dans une position que le Roi annonce sa volonté au parti de disputer le terrain et de commencer les hostilités. Si je suis réduit à cette extrémité, j'en serai plus touché que personne, m'étant flatté que tout le temps de mon administration se passerait en tranquillité.

On m'ordonne de donner tous mes soins à ce que la nation ne soit aucunement molestée, et ne souffre aucun dommage dans les parties occupées par les troupes. Je me conformerai bien exactement au désir de la cour, et sûrement je ne donnerai aucun lieu de plaintes sur cet article. J'espère que vous me ferez réponse sur le champ, sentant que cela est absolument nécessaire. J'ai l'honneur...

P. S. — Mon pédon assure qu'il sera dimanche matin à Corte. Ainsi je compte recevoir votre réponse lundi au soir, au plus tard.

# Paoli a Cocchi (*)

Stimatissimo amico. Il frate mi ha portato le di Lei lettere de' 9, 12, 19 e 23 luglio assieme col numoro sette, in
data de' 18 del mese. Poche notizie Ella mi dà del gran
mondo ; poche posso dargliene anch'io di questo luogo. I
Francesi della guarnigione di Bastia sono usciti anch'essi ad
accamparsi nelle vicinanze della torre di Toga. Per la custodia del presidio hanno lasciato 500 uomini circa, avendone
a tal effetto presi otto per compagnia; altri dodici per compagnia hanno ritirati per farli servire colle truppe leggiere,
e di questo corpo hanno avanzato distaccamenti in Cardo,
Ville e Lota. L'ufficiali hanno rimesse a mani del Conte de
Marbeuf le chiavi de' loro rispettivi alloggiamenti ; l'istesso
ha fatto il Commissario spagnuolo per le case che avea preso
per i Gesuiti ; le chiavi delle quali ha pure volute il Conte
de Marbeuf, ed oltre a ciò ha fatte marcare molte altre case
per alloggiamenti di truppa. In Bastia, sono sbarcati circa
60 uomini di trasporto, e vi è parimente arrivato gran parte
dell'equipaggio e de' servitori di Chauvelin. Pure, dicesi che
prima di esso arriverà Monsieur de Montenar, Tenente Generale, per passare la rivista alle truppe.

La guarnigione di Ajaccio uscirà anch'essa questi giorni ad
accamparsi nella vicinanza del presidio. Quella di Calvi dicesi
non avere tal ordine. In Bonifacio, non vi sono che 300 uomini, ed appena bastano per il servizio giornale di quel presidio.

Nell'accampamento di San Fiorenzo ed in quello di Bastia
cominciano ad introdursi pericolose malattie.

---

(*) Cette lettre est bien de Paoli; elle a été ainsi écrite afin d'en ca-
cher l'origine, dans le cas où elle serait tombée entre les mains des
ennemis.

I nostri sono in Furiani, Barbaggio, Patrimonio, Farinole, Olmeta e Nonza, Erbalunga e Brando. Da Barbaggio e Farinole spediscono i distaccamenti sopra l'alture, in osservazione de' movimenti che possano fare nel campo di Bastia ; e da Patrimonio mandano ad occupare l'alture che dominano il campo di San Fiorenzo e le Strette, per le quali solamente vi si può sboccare. Finora non sono successi inconvenienti, abbenchè li posti avanzati nostri e de' Francesi siano a 200 passi di distanza.

La nave da guerra francese sta sempre ancorata in faccia a Fornali, e perchè questa dava sospetto che non vi stesse per insultare i nostri corsari, furono alzati li giorni scorsi 5 pezzi di cannone in batteria: uno da 24, due da 12 e due da otto. A vista di questo preparativo, si è allontanata alquanto; ha aperti i suoi portellini e sta sempre come in stato di combattimento. Uno sciabecco incrocia dalla punta di Capo-Corso a Calvi. Spessissimo entra nel golfo per ricevere gli ordini dal comandante della nave.

La sera de' 22 apparse in faccia all'Isola-Rossa una fregata inglese. Tirò un colpo di cannone ; fu spedita una feluca con una persona pratica, la quale servì da piloto, perchè la mattina de' 23 detta fregata entrasse a dar fondo alla rada. Fu salutata e rispose del pari: Sbarcò subito il suo tenente, M. Hanhope, con un Genevrino che per l'avanti aveva servito da capitano nelle truppe del Re di Sardegna, e chiamasi M. Dunant. Questi vollero subito mettersi a cavallo, e l'istessa sera, a due ore di notte, arrivarono quì ; si presentarono al nostro Signor Generale e cenarono seco lui. Il tenente, per quanto dicesi, gli domandò informazione della pollacca arrestata dalla mezza galera, il passaporto della quale è stato riconosciuto falso. Il Genevrino dicevasi curioso viaggiatore, partito da Londra il primo del mese, ed, essendo in Genova quando la fregata fece vela per la Corsica, si approfittò dell'occasione per vedere questo paese. La di lui aria e discorso tutto francese l'avrebbero fatto prendere per un esploratore se non fosse stato accompagnato dal tenente della fregata. L'uno e l'altro se ne partirono la notte de' 24 alle 25.

Lo sciabecco francese, quando vide entrare la fregata nella rada, si accostò a tiro di pistola dalla Pietra, e si mise in panna. Questo contegno parve che offendesse il capitano della fregata, merce chè subito si pose in ordine di battaglia, e dovè restar contento vedendo che le batterie dell'isola erano in pronto per sua difesa, quando ne avesse avuto bisogno; ma lo sciabecco, fatta riflessione, poco dopo girò di bordo, e se ne andò nel golfo di San Fiorenzo.

La fregata dovea partire ier mattina; il capitano della medesima dicesi M. de Cosby, ed il nome del bastimento *Montreal*.

Nel di là da' monti, girano 100 uomini pagati, sotto la direzione dei signori Francesco Quenza e Anton Domenico Poli di Guagno. Questa truppa non poco serve a mantenere il buon ordine nell'interno di queste provincie.

Il Signor Ottavio Colonna resta distaccato in Alata con 150 uomini; il Signor Cutoli è chiamato in questa parte, ed uscirà col Signor Pasqualini (1) in giro per queste provincie, e con circa 20 uomini. Questi procureranno mantenersi a portata del Nebbio e Furiani, e proteggere nel tempo stesso le marine.

Il popolo non può essere più animato per la difesa della libertà; pure dicesi che si tentino maneggi per guadagnare declamatori contro la condotta del Generale, per farlo credere ambizioso a tal segno, che, per mantenersi lungamente in comando, egli voglia cimentar la nazione in una guerra contro la Francia. L'argomento principale che suggeriscono i Francesi è che i Corsi hanno fatta la guerra per mandar

---

(1) Nicodemo.

via i Genovesi dall'Isola ; quelli già ne son fuori. Altre volte i Corsi hanno protestato che sarebbero soli felici sotto il dominio della Francia ; il Re Cristianissimo ora vuole incorporarli alla Corona. Il Pasquale Paoli s'oppose, per tenerli sotto la sua tirannia e dispotismo, ma l'enorme sproporzione parla troppo ed illuminerà i popoli. Ripete questo pubblicamente il Gian Luca Poggi e qualche altro lusingato fanatico di quel luogo, e sembra a tal oggetto spedito in Livorno l'abbate Zerbi da dove manda per terraferma lettere orribili. Troverà la copia d'una scritta in Roma.

Qualche francese piglia un altro giro, dicendo : il Generale per la sua gloria tutto intraprenderà, e s'esporrà a perder la vita ; ma la nazione, che non ha una vita momentanea come quest'uomo, deve guardarsi dal far passi che la possano rendere per sempre infelice. Se mai riuscisse al General di fomentare a tal segno le gelosie delle Corti per farle disapprovare il trattato che la Francia ha conchiuso con la Repubblica, e farlo annullare, la Francia allora insisterebbe perchè tutte convenissero nel progetto di risoggettar là nazione ai Genovesi, e niuna Corte vi si opporrebbe perchè la Repubblica di Genova è di tutte amica, e non dà gelosia, e perchè quanto i Francesi potrebbero esser malvisti in Corsica, tanto alli Principi italiani dispiacerebbe l'indipendenza di questo Regno, l'influenza ed il commercio del quale si farebbe a loro spese. Con armi di questa sorte è attaccato il nostro Generale. S'ei non può dir tutto per illuminare il popolo e ribattere l'argomenti che gli si fanno per allucinarlo, egli però ha la fortuna che il popolo conosce l'artifizio dei suoi nemici ed ha in esso la solita intiera confidenza, e non poco ha servito ad accrescerla ancora la comparsa della fregata inglese, poichè il popolo facilmente crede quel che desidera.

I mercati continuano, ma cominciano ad essere mere formalità, stante che, per la grande scarsezza della carne nel

Regno, sono stati proibiti gl'incettai che andavano girando per l'Isola, e rammassavano castrati e buovi per venderli al mercato: ora non vi va che qualcuno, ma con animali suoi proprii.

Gran denaro i Francesi hanno portato in Corsica, ed alcuni ufficiali dicono che spenderanno questo in luogo del sangue per conquistare il Regno. Abbondanza di provviste in Bastia e San Fiorenzo ; assai pochi in Calvi, Ajaccio e Bonifacio.

Questa sera s'attende qui l'inviato di Tunisi. I Genovesi, Dio sa come divulgheranno nelle Corti italiane per adombrarle, facendole apprendere distruttiva del loro commercio la pretesa tregua ed alleanza della Corsica con Tunisi ed Algeri ; ma questo incomodo solamente possono apprenderlo restando i Francesi ne' presidj. Non siamo nemici de' Genovesi (1), la naturale eguità nostra ci terrà sempre lontani dall'essere incomodi agli altri vicini, finchè potranno riprometterci di buona corrispondenza.

Si è rimesso in salute il nostro Signor Generale ; è vero però che le occupazioni del tavolino lo hanno reso un poco debole di stomaco. Se fosse uscito in campagna, sarebbe stato meglio. L'esercizio contribuisce molto alla di lui salute ; ma qui è nel centro, e qui ogni sera egli riceve i riscontri da Nebbio, Furiani, Isola-Rossa, Calvi e Ajaccio, ed in 30 ore vengono dal Capo-Corso e dalla Rocca.

I Maltesi passaggieri, che erano sopra la pollacca, saranno licenziati co' loro effetti, essendo sempre questo stato il costume della nazione ; e difatti tutti i passaggieri che furono

---

(1) Les Corses ne sont pas les ennemis des Génois ! On raconte que Paoli étant un beau jour entré dans une vigne à Morosaglia, le propriétaire de la vigne lui offrit une grappe de raisins ; les ayant trouvés bons, il demanda comment on appelait ces raisins. On lui dit que ces raisins s'appelaient *Genovisella,* et Paoli de s'écrier : *O tagliate il calzo, o cambiate il nome.*

portati all'Isola Rossa ebbero la libertà con tutto ciò che ad essi apparteneva. Ma questo non fornisce una ragione che noi siamo obbligati a rendere le mercanzie che si ritrovano in un bastimento nemico, confidato da stranieri al padrone del bastimento; essendo che quello ne apparisce e deve considerarsi come il vero proprietario, ed è ormai questa la pratica di tutte le nazioni. Da Livorno, ci si oppongono varii ragionamenti tirati dal diritto delle genti; io non entro sopra il punto di assegnare quali siano i principii di questo diritto; dico però che in Europa esso è fondato unicamente o sopra i trattati de' Principi, o sopra le pratiche e costumanze ricevute. Ma io credo che altre occasioni di reclami si avranno fra poco, mentre tutti i bastimenti genovesi ora alberano il paviglione toscano, e credono essere coperti avendo a bordo un marinaro di Livorno ed un ragazzo del Campo Santo, quando realmente consta che il bastimento è genovese, e che il marinaro toscano finto padrone è una maschera scandalosa visibile. Ella soddisfarebbe non poco la mia curiosità se, parlando su d'un tal abuso, mi facesse sapere cosa se gli sia detto in risposta. Ella non ignora che, essendo noi un popolo libero, tutti siamo solleciti per ciò che concerne il nostro Stato, onde non si maraviglierà nè della lunghezza nè della serietà de' punti di cui tratta questa lettera, la quale finisco, caramente e di vero cuore abbracciandovi.

# Relazione di quanto è accaduto nelle Strette di S. Bernardino e nel paese di Patrimonio il primo giorno di agosto 1768.

La mattina alle ore nove e mezzo, il capitan Paolo Bastiani comandante della truppa, che guardava le Strette di S. Ber-

nardino e le alture conticue, scrisse un biglietto al Signor
Pietro Boccheciampe avvisandolo che il campo francese la
notte scorsa avea fatto qualche movimento, ed aveva condotto alcuni cannoni alla fontana della stretta. In seguito di
questo avviso, il Signor Barbaggi spedì subito il capitan Leonardo Tomasi (1) con 60 soldati e 40 volontari della Costiera
per rinforzare la collina di Torboli, e stare in osservazione
dei movimenti del nemico. Ma poco dopo intesesi nelle
Strette qualche sbarro di fucile, per cui si congetturò che il
nemico volesse attaccare ; ebbe ordine il medesimo capitano
Leonardo di accorrere direttamente ove richiedesse il bisogno
e fu seguitato da tutta la gente che era in Patrimonio, non essendo rimasti che soli 16 uomini col Signor Barbaggi nella
casa Calvelli.

Frattanto alle ore dieci i Francesi attaccarono l'altura di
Torboli, e la guadagnarono senza che si fosse fatta alcuna
resistenza dal nostro distaccamento, che tirò pochissime fucilate in lontananze, e poi si diede alla fuga.

Nello stesso tempo furono parimente attaccati i fortini di
Torello, dove accorse immediatamente il capitan Leonardo
seguitato da soli sette o otto fra ufficiali e soldati, e trovarono
il fortino maggiore abbandonato, essendo fuggita tutta la
guardia che, in numero di 70 uomini, compresi gli ufficiali,
vi era stata spedita. Il capitan Leonardo però e suoi compagni non ebbero tempo di gettarvisi dentro, e poterono solo
entrare in una piccola ridotta, vicino al suddetto fortino, da
dove tirarono varie fucilate; poi intesisi cinti, si ritirarono nel-
l'istante che il nemico si rese anche padrone del fortino sottano, dopo una valida difesa dei nostri, che v'erano alla
custodia.

Appena guadagnate le alture, si mosse tutta l'altra truppa

---

(1) De Gavignano.

in colonna e passò le Strette senza soffrire altro fuoco che quello del capitan Paolo Bastiani, che con dieci soldati era in una ridotta sopra la grotta ferrata. Ma non potendo più resistervi, nè avendo campo a ritirarsi altrove, si salvò fortunatamente in una grotta inaccessibile, da dove uscì la notte seguente, e passò in Nonza.

Tutta la nostra gente fuggita dalle Strette, ed inseguita per poco tratto dalla truppa francese, in vece di ritirarsi in Patrimonio, s'incamminò verso Oletta, onde il Signor Barbaggi fu costretto ad uscir fuori coi Signori Luigi Calvelli, ed Augelo Luigi Petriconi per far voltare addietro i fuggitivi. Passò infino alla fogata, dove incontrò il Signor Antonio Gentile, che veniva dalle Strette di San Germano con 40 soldati, e col medesimo ritornò poi in Patrimonio. Non essendogli riuscito di poter riunire più di 150 uomini fra soldati e volontari, i quali tutti si ridussero alla casa Calvelli, e da cui trovò che stavano per partirsene anche quei pochi che vi aveva lasciati.

Il nemico intanto s'impadronì di tutte le alture vicino alla strada che conduce da San Fiorenzo a Barbaggio, e si avanzò fino a San Pietro. Occupò ancora la Tozza ed un'altra collina sopra la villa della Cuginasca, dove entrò alle ore 16, siccome pure nella Breciasca condotto dai locali che lo andarono ad incontrare.

I volontari del Nebbio, benchè replicatamente avvertiti, non diedero alcun contrasto ai Francesi, i quali poterono, a suo bell'agio, occupare tutti i luoghi che stimarono opportuni, e per fino unirsi con un loro distaccamento sceso da Techime verso Brietta che         ora dopo entrarono nel Cardeto, e poco appresso vennero nella villa detta Ficaja, creduta coperta dal Signor Folacci, che se n'era fuggito con tutti gli altri.

Alle diciassette e mezzo cominciarono a battere la casa Calvelli, con due cannoni, che aveano condotti all'aja, sotto le vigne, e nello stesso tempo la truppa si avanzò fino alle muraglie delle medesime vigne, e fino alla piccola chiesa di San Giovanni.

In questo stato di cose il Signor Barbaggi vistosi tradito da Patrimoninchi, che poco avanti si erano protestati di volersi difendere, cinto da ogni parte dal nemico, senza una goccia d'acqua, e senza speranza di soccorso, perchè si era dato tempo al nemico di occupare tutti i passi e luoghi forti, e la gente che potea soccorrerlo era ancora troppo lontana, determinò di voler piuttosto esporre ad un evidente pericolo la propria vita che restar prigioniero, e chiamati i Signori Luzzi Calvelli, Antonio Gentili, Angelo Luzzi, Petriconì, e Leonardo Tomasi (1), gli disse che in quelle circostanze era minor male che egli morisse che cadere in mano dei Francesi; onde, considerando impossibile il soccorso, e conoscendo che fra poco spazio dovea esser prigioniero, avea risoluto di tentar la sorte ed uscire in mezzo al fuoco del fucile e del cannone.

Ordinò al capitan Leonardo di far palese questa sua determinazione agli altri ufficiali, che furono tutti immediatamente avvertiti, ed alle 18 ore, quando il cannone avea già empita di polvere la metà della casa, e la moschetteria era ben inoltrata, si cominciò a saltar fuori, e riuscì al Signor Barbaggi di ritirarsi verso Farinole, con circa 115 uomini. Avendo perduto nella ritirata il Signor Francesco Antonio Gentili ed un soldato, ed essendo rimasti prigionieri tutti quelli a' quali forse non battè l'animo di esporsi al pericolo di perder la vita per mantenersi la libertà.

---

(1) Tomasi, de Gavignano.

# Paoli a Cocchi

*Murato, 6 agosto 1768.* — Stimatissimo Signor Cocchi. Il Signor Murray (1) vi potrà informare dell'attuale nostra posizione. Sono partito da Corte nella speranza di serrar nelle montagne i Francesi, ma i nostri a Patrimonio si son lasciati sorprendere come vigliacchi. Morti pochi; prigionieri solamente 40 circa. Barbaggi s'è ritirato in Capo Corso. Quella provincia e Caprara risicano, se non viene presto il buon vento (2); ma, se viene, niente ho perduto, perchè, alla di lui comparsa, tutto riacquisto. Il popolo è restato un poco sbigottito, ma poco ci vorrebbe a rianimarlo.

Sotto la data de' 29 del passato, il conte de Marbeuf mi scrisse che la sua Corte gli ordinava di aprirsi la comunicazione, ed in caso che non facessi evacuare Barbaggio e Patrimonio che mi preparassi a difenderli coll'armi; che mi dava due giorni di tempo a risolvere, durante i quali non avrebbe fatto passo; ma si scordò della promessa avanti ed allora scrittami, perchè l'istessa notte avanzò sulla montagna, e la mattina attaccò. Fu da ogni parte rispinto il suo attacco e quello di San Fiorenzo; il giorno appresso non so nemmeno io comprendere come abbia superato. Io non dispero ancora della buona causa: se continuano a vincerci con rapidità, potrebbero perder qualche volta, ed ora ci basta. Scrivo all'amico. Questa l'avrete sicura. Vi abbraccio.

---

(1) Agent anglais.
(2) Le secours anglais sans doute.

# Il Cav. Mann a Paoli

*Firenze, 10 agosto 1768.* — Eccellenza. Non le posso ce-
lare la mia somma inquietudine nella quale ho vissuto per
più di trenta giorni, vedendomi privo di risposta alla lettera
num. 7, scritta, come Vostra Eccellenza non poteva dubitare,
alla mia dettatura ed in conseguenza degli ordini della mia
Corte, alla quale io sono ancora debitore di quei schiarimenti
richiesti in detta lettera e dai quali (ben si può supporre) dovranno dipendere le risoluzioni della medesima. In questa
ansietà, tanto era disposto per mandarle l'amico (1), che
molto volentieri intraprendeva il viaggio ; ma ciò non mi è
stato permesso da questo governo, sul pretesto di non dar
gelosia. Sicchè conviene servirsi di altro canale per far pervenire alle sue mani questa replicata istanza di essere informato direttamente della sua situazione e dei suoi bisogni e
delle sue vedute, senza riserve, e in modo soddisfacente ;
poichè nè io nè altri in Inghilterra possiamo servirci delle
notizie che le sono state chieste per altri canali, benchè ques-
t'ultimi sieno sinceri, e diretti a buon fine. Le mando dunque il Padre Francesco Antonio di Nessa, a Lei noto, con
questa mia e colla commissione di ritornare in qua colla sua
risposta il più presto che sarà mai possibile.

Non mancai subito, come V. E. ne è stato avvisato, di di-
mandare a nome suo la permissione di poter mandare a Londra persona che occultamente rappresentasse gl'interessi della
sua nazione ; e ne è venuta ieri la permissione con espressa

_____

(1) Cocchi.

condizione di segretezza. E siccome avevo in mira l'amico come soggetto idoneo, son costretto a deporne l'idea, vedendo la renitenza di questo governo. Resta dunque che Ella si degni pormi in stato, senza perder più tempo, di rispondere autenticamente alla mia Corte sulla somma della cosa, giacchè la mia Corte ha giudicato proprio di servirsi del mio mezzo, da cui ebbe principio ogn'altro passo. Fatto questo, quando non si trovasse nella possibilità di aver la persona idonea per quell'ufficio accennato, non starò a suggerirli i miei motivi di scusa che Ella può addurre, come superfluo; non essendo assolutamente ciò necessario quanto la risposta al num. 7, di cui le includo una copia, sul timore che il suo silenzio costante non nascesse dal non l'aver ricevuta, tanto più che dopo la notizia dell'arrivo di Fr. Bonaventura costà non se n'è saputo più nulla; d'altronde le sue lettere, cioè le due a me, una del 1º agosto da Corte, l'altra del 6, e quella del 6 parimente, scritta all'amico, e portateci di M. Murray, di nulla fanno neppur menzione.

E possibile che invece di Padre Francesco Antonio da Nessa, le porti questa un ufficiale giovane speditole da Livorno con lettera del Signor Murray stesso, circa il quale lascio ad altri il darle ulteriori notizie. A questo istesso, dovendo tornare in terraferma, può consegnare l'aspettata risposta.

Nè altro per ora avendo da incomodarla, ho l'onore.....

## Paoli a Cocchi

*Murato, 18 agosto 1768.* — Si è avuta questa mane notizia di Balagna che i Francesi della guarnigione di Calvi, in numero d'ottocento circa, oltre duecento di que' presidiani, fecero ier l'altro sortita, e s'avanzarono, sempre costeggiando la marina del golfo, ad occupare un certo sito detto S. Caterina, in vicinanza della Foce e due miglia e mezzo distante dal presidio. Avevano quattro pezzi di cannone da otto e tutti l'ustensili per ivi immediatamente fortificarsi. Lo squadron volante delle milizie gli si presentò, e cominciò il fuoco ; in meno di mezz'ora v'accorsero seicento uomini di Calenzana, Pino e Lumio, i quali vigorosamente assaltarono i Francesi. Questi, quantunque occupassero un sito vantaggioso, fossero quasi esperti, e si servissero con sollecitudine della loro artiglieria, furono nondimeno subito sforzati ed obbligati a voltare precipitosamente le spalle. Se fecero qualche resistenza, fu per salvare il loro cannone, del quale mai si servirono nella ritirata ; l'avrebbero nondimeno perduto, perchè nella confusione riusciva loro malagevole ricondurlo per l'arena ; poterono però fortunatamente imbarcarlo sopra due gondole che gli furono a tal effetto spedite dal porto. I nostri gl'inseguirono fino alla villa Paciola, ove, mercè uno stagno che rende il passo strettissimo, essi poterono riordinarsi poi in presidio senz'essere inseguiti.

In questo fatto noi abbiamo perduto un solo bravo capitano di milizie del paese di Calenzana, ed abbiamo avuti tre feriti leggermente. Se l'azione fosse durata un poco di più, e che gli altri paesi della provincia vi fossero potuti arrivare, forse il nemico non era più in tempo di ritirarsi. Deve aver avuto gran perdita, perchè i nostri l'hanno sempre battuto di fronte e di fianco.

All'ostilità cominciata in questa provincia ha servito di pretesto l'indispensabile necessità d'aver il passo libero da Bastia a San Fiorenzo per la convenienza delle truppe ; ma come ora palliare questo tentativo, da cui chiaramente si vede che vogliono farci una guerra d'oppressione, contro della quale abbiamo luogo a sperare tutta l'assistenza dal Dio degli eserciti?

Ieri è entrato in questo golfo un vascello e due sciabecchi. Il vascello si mantiene sempre alla vela, e per lo più n'incrocia l'imboccatura. Li sciabecchi diedero fondo alle Casermone; indi anch'essi hanno fatto varia navigazione per il Golfo, ma sempre fuori del tiro delle nostre torri. Si crede che vorranno contro le medesime far qualche tentativo.

La settimana passata li nostri corsari condussero all'Isola Rossa due tartane francesi cariche di muli ed altre robe spettanti alle truppe che sono in San Fiorenzo; furon rilasciate le tartane e l'equipaggio delle medesime per un contrassegno di rispetto e della più grande moderazione; fu ritenuto il carico per il più incontrastabile diritto, ch'è quello della difesa naturale.

## Paoli a Cocchi

*Murato, 18 agosto 1768.* — Stimatissimo amico. Matteo (1) se n'è salito ier l'altro in Corti, avendo avuta una figlia; nella di lui lettera non veggo notizie. Da Livorno mi fanno sperare che quanto prima avrò il piacere di abbracciarvi.

Il Re di Napoli per dichiararsi nemico non avendone il motivo, l'ha supposto. Niente di più insussistente di quel che si asserisce nel dispaccio della Secreteria, passato al generale delle galere. Ma perchè non reclamare? Forse altre volte non l'ha fatto quella Corte? Ma reclamando non avrebbe potuto allora dichiarar l'apertura delle ostilità. Il governatore di Livorno anch'esso vedete cosa scrive a nome di co-

(1) Massesi fils.

desta Corte. Voi avete le mie risposte, che si dicono non soddisfacenti. Il debole, se si difende, mai soddisfa il forte. Eh via, giacchè tutta l'Europa sospira alla nostra oppressione s'uniscano presto, compiscano il gran disegno! Parlate all'amico acciò faccia valere, almen come indifferente, la nostra ragione co' nostri compatriotti. I Napoletani per ora poco male possono farci, e per poco che la tramontana spirasse diritta, forse si pentirebbero della loro superchieria. Ancora si mantiene il Capo-Corso e Caprara; ma potrò durarla contro le forze combinate della Casa Borbone? Quella comunicazione che ha guadagnata da Bastia a San Fiorenzo, sarebbe subito tagliata se l'opportunità si presentasse di far la guerra nel golfo. Meglio parlerò all'amico, che prima anderà in Corti per conferir col Padre Maestro. Vi abbraccio.

## La Monaca Rivarola a Cocchi

*Livorno, li 22 agosto 1768.* — Prima di rispondere alla sua ricevuta questa mattina, l'avviso che è qui ritornato il mio segretario, alle 10 circa, con il di lui compagno, e mi porta lettere dell'amico, il quale ha conosciuto il traditore, ed ha risposto alla sua richiesta, la quale era più ridicola che ammissibile, di non potere per ora accettare alcun progetto vertente gli affari di colà per essere nell'azione continua di mettersi alle mani coi nemici, e che avrebbe aspettato di consultare l'affare ad altro tempo. Il finto generale è non poco confuso; così mi dice il consaputo secretario mio. Veniamo ora alla risposta della sua. Il Signor Mauro mi mandò cautissima la lettera, ed io per un mio servitore la mandai al Signor Anfriani, e son sicura che la ricevè; ma a dirgliela schietta, son gente pigra e non pensano che a' loro comodi : al contrario di me, che fatico dalla mattina alla sera come una bestiaccia, e bramo il momento di poter andare a sacrificarmi (1) in verità. Le cose colà passano benissimo, e si spera bene; ma si aspetta che il sole faccia più chiaro, e poi sentirà che bei fatti succederanno. Il generale corso capirà benissimo che ho mandato persona apposta per avvisarlo, e ne son sicura; sicchè piuttosto ho antivisto che mancare. Ora sono contenta perchè l'affare è andato a meraviglia. La lettera del prete pazzo (2), creda assolutamente essere una corbelleria e di niuna sussistenza, e perciò non è da pensarci neppure. Esso sa benissimo che costà l'avvisai quando seppi che corrispondeva col noto amico, acciò non dassero retta alle sue lettere piene di passione e fanatismo. Non mancherò di scrivere a mio fratello quanto mi avvisa, perchè egli è esattissimo in queste cose. Le acchiudo nota delle spese state caricate al corsaro Nobili, di cui gli ho inviato le ragioni. Veramente qui non si sa più di chi fidarsi, e la prego costì far quello che si puole, chè l'avvocato si pagherà, se vi è luogo di rimediare all'ingiustizia che vorrebbero qui fargli. Di grazia gli raccomando questo affare. Oggi non posso più dalle gran lettere, e mi creda che ho la testa sbalordita, non sapendo neppure se avrò scritto bene o male. Si ricordi che sono al solito.....

I miei complimenti a chi sa ed a chi fu qui mercoledì.

_____

(1) Elle pouvait prendre place à côté de Rosanna Serpentini de Pastoreccia d'Orezza, qui, le fusil sur l'épaule, combattait dans les rangs de ceux que j'appellerai *les Derniers des Corses*.

(2) De Zerbi.

## Paoli a Cocchi

*Olmeta, 27 agosto 1768.* — Stimatissimo Signor Cocchi. *Dum Roma consulitur Saguntum expugnatur.* Sono in cattive circonstanze se presto non sono soccorso. L'ultima fregata inglese non volle nè pure lasciarmi un poco di piombo e scaglie, dei quali generi son restato privo affatto. La prima determinò i Francesi ad attaccarci, e la seconda, senza recapiti, ha quasi diminuite le speranze che con destrezza e e sottomano facevo insinuare ai privati. Il Frate vi dirà i successi di Nonza; Barbaggi lo mandano in Francia cogli altri prigionieri : è meglio per lui perchè il popolo lo avrebbe lapidato, ed il zio (1) non si sarebbe opposto. Il cognato Franceschetti ed Alessandrini Luca Ottavio ancor essi prigionieri ; ma tanta vigliaccheria..... I romani erano tutti bravi. Scrivo a lungo al Cavaliere, e gli accludo un abbozzo di carteggio su di cui pensa stendere una memoria per i Sovrani d'Europa. *Luctor :* piaccia a Dio che possa dire *et emergo.* Vi abbraccio.

## Paoli a Ceccaldi

*Rostino, 8 septembre 1768.* — Ho saputo le generose vostre lacrime ; ma donde mai tanta corruzione in Casinca ? Qual

---

(1) Il zio, c'était Paoli.

ricompensa spera mai questa pieve di tanta viltà? Cosa pensano tanti amici e tanti conoscenti che ho in codesto Paese? Mi credono nemico della Patria? Mi fanno torto; e se mi credono quel che devo essere, il Padre, il protettore di tutti, è sano consiglio il risolvere senza consultarmi? Un giorno potrebbero pentirsi ed arrossirsi del torto che mi fanno, del danno che si procurano. Consultate l'immagine di vostro padre, e di vostro zio, e vedeteli arrossire. Il vostro popolo so che non vi ha inteso, è però che io tengo a salvare il proprio e vostro decoro. I Corsi vogliono salvarsi a pezzo a pezzo, e si perdono tutti a poco a poco. Salutatemi Gian Maria, Vittore, e tutti gli altri vecchi del Paese. Diteli qual torto hanno ricevuto dalla Patria e dalla libertà. Vi saluto, e saluto anche Peppo, chè non so crederlo mutato di pensiero e nemico delle massime del Padre...

Vi prego di miei complimenti alla vostra madre e consorte. Il vostro affezionatissimo compare.

## Paoli a Gafforj

*Corte, 24 settembre 1768.* — Sarei sceso volentieri per tener da me stesso al sacro fonte il vostro figlio, ma veramente ora non posso per qualche riflesso che interessa il pubblico. In caso che il parroco non voglia dargli l'acqua ora, e riservarmi ad altra circostanza il vantaggio di farvi conoscere personalmente quanto io sia sensibile all'onore che mi fate, vi acchiudo la procura per vostro cugino Peppo. Quando la Comare deve essere una fanciulla, e di tanto merito, un giovine come il Signor Peppo bramo che mi rappresenti. Quella benedetta lingua dovrebbe pure conoscere per esperienza che negli uomini della mia età svaniscono colle forze li desiderj e li geniacci; ma purchè tagli non si cura di dir malapproposito qualche volta. Io, sebbene mi riservi di far da me stesso i complimenti alla Signora Comare, e pregarla di gradire la sincerità de' miei rispettosi voti per essa lei, pure in questo mentre molto vi sarò tenuto se la persuaderete che forse più di me niuno ha inteso che vi abbia con tanto suo poco incomodo dato un figlio, che tanto da vicino appartiene alli due principali Eroi della Patria (1), ed educato dal vostro zelo potrà un giorno esserne mallevadore e sostegno. Vi scrivo con abbondanza di cuore con Andrea perchè so quanto vi devo anche in particolare. Vi saluto e sono....

## Paoli a Cocchi

*Casinca, 24 settembre 1768.* — Stim. Sig. Cocchi. Il fine di luglio, il mese di agosto, i maneggi di alcuni traditori cospirarono ad incatenar questa nazione e a farle perdere l'antica stima di valorosa; nel mese di settembre si combatte con diversa sorte. Il nostro sig. Generale per illuminare il popolo, intimò una Consulta in Casinca. Era impegno de' traditori e dei Francesi ch'ei non avesse tempo di unir la nazione; furono chiamati i Francesi in questa pieve, e si procurava d'introdurli ancora nelle circonvicine; sotto specie di zelo fu spedito al nostro Generale il Padre Morazzani per; esortarlo a cedere alla circostanza e a prevenire l'esterminio

(1) Le général Ceccaldi et Gafforj Gio. Pietro.

della nazione : egli rispose che dovea difender la libertâ della medesima finchè in un'altra Consulta non gli fosse, diversamente ordinato ; domandava perciò una sospensione d'armi per poterla tenere quietamente, Gli fu risposto che un momento non si potea desistere dalle imprese militari : e difatti un corpo di circa 1,500 Francesi si avanzò alla Chiesa Nera (1), e vi si accampò, minacciando i nostri che guardavano la bocca di Tenda. Il generale ordinò che fossero i nemici attaccati in quel loro campo, e nel tempo medesimo un'altro distaccamento attaccasse un corpo di Francesi ch'era in Rutali, e si facesse strada per sorprendere il convento di Murato. Il campo fu forzato dopo molte ore di fuoco ; i Francesi presero la fuga lasciando tende, bagagli e tre cannoni. Fortuna per loro che una folta nebbia e dirotta pioggia, e la notte non lasciò vedere ai nostri il momento della loro partenza. Da Rutali fuggirono prima dell'arrivo de' nostri : il convento di Murato, ov'erano 50 uomini, e l'ospedale fu espugnato, non ostante che M. La Pollaries vi fosse accorso per soccorrerlo con 200 uomini. Fu valorosamente respinto, e con pochi arrivò ad unirsi nella spiaggia di Nebbio ai fuggitivi dal campo della Chiesa Nera o di Santo Nicolao. I Nebbisini in questa congiuntura si sono portati bene. In tempo che queste cose accadevano nel Nebbio, fu attaccato il Vescovato, sorpresovi un picchetto e la metà del paese, ma perchè in poco numero, i nostri non poterono sostenervisi. Due giorni dopo fu attaccata la Penta ed espugnata : vi furono fatti prigionieri 75 soldati, un capitano ed un tenente. Fu poi attaccato Loreto ; il nemico avea così ben fortificate alcune case, che, sebbene superato il resto del paese, non potè sloggiarsi da quelle dove era il numero di 400 uomini. I nostri di nuovo si ritirarono ; ma l'assalto fu così violento

---

(1) Au-dessus du village de Pieve.

che i Francesi non vollero attendere la replica, alla quale ci preparavamo ed erano già avanzate le genti sotto questo convento e sotto la Venzolasca quando essi batterono la ritirata. Furono inseguiti fino al fiume, dove poterono ordinarsi sotto la protezione della loro cavalleria ; alcuni de' nostri varcarono il ponte per andare a sorprendere il Borgo ; la gente era così strapazzata che non più di 50 arrivarono a Lucciana. Il nemico rinforzò quel postamento e si ritirò in Biguglia, poi in Bastia. Ora i nostri sono d'intorno al Borgo, dove si dice che vi siano sotto a mille uomini francesi vantaggiosamente fortificati. Ieri vi fu una forte scaramuccia : arrivata la gente fresca, ne sarà tentata l'espugnazione. La cavalleria nemica batte la pianura per assicurare i trasporti, ma sempre qualcheduno è sorpreso. È stata tolta l'acqua al Borgo ; ma si dice che ne hanno trovata qualche poca sfossando la terra. Un corpo di Francesi è attendato a Santa Maria dell'Orto, mezzo a Furiani e Biguglia : due reggimenti ne sono in Oletta. In Nebbio noi abbiamo la nostra poca truppa pagata, estenuata però dalle fatiche e dalle perdite fatte in tante azioni. Il nostro popolo è degno della libertà ; ma alcuni hanno tentato ogni mezzo di sedurlo. Non nomino questi, per non darvi dispiacere, e taccio ancora quelli che si sono segnalati in queste vicende. Non vi parlo di morti e di feriti, de' prigionieri solo vi dico che abbiamo il nostro buon cambio nel castello di Corte. I giovani dell'Università si fanno onore : Pietro Colle, da voi conosciuto, ha abbandonato la penna, e molto il generale deve al suo valore. I principali di questa pieve sono anche in Bastia. Senza volerlo, entro in dettagli, e l'animo *meminisse* perhoret. I Francesi ora sembrano più moderati, e da varie lettere ieri ricevutesi parea che desiderassero entrare in negoziazione. Finora protestavano che non ne avrebbero ascoltata parola, se non previa la ricognizione della sovranità del Re. Vorrebbero indurre a questo il generale ; ma egli non può farlo ; le sue istruzioni sono di difendere la libertà. I Francesi dicono ancora che non pensano di far la guerra alla nazione, ma bensì al generale della medesima, che la impedisce di sottomettersi al loro Re. Finora la guerra si fa pulitamente; i prigionieri sono trattati da una parte e l'altra con umanità. Sento che il generale, avendo saputo che in questa pieve vi erano tre poveri francesi malamente feriti, e che siano di buone famiglie, essendo i chirurghi occupati per le sue genti temendo che questi perissero per mancanza di cura, ha mandato un passaporto in Bastia perchè mandino un battello a prenderli. Due capitani di quelli che sono prigionieri in Corte gli erano amici. Sono perciò trattati con distinzione, ma tutto questo poco influisce. Di quel che avverrà spero e pavento i giudizi incertissimi di Marte. Battete qualcheduna di codeste vecchie sepolture, forse mai si risvegliasse qualche antico Fiorentino per compatirci. E voi credetemi sempre l'istesso vostro buon amico.

## Matteo Massesi a Cocchi

*Li 29 alle ore 11.* — Amico carissimo. Dopo spediti i pieghi questa mane per l'Isola Rossa, pervengono da Bastia alcune lettere alle quali annessa è stata trasmessa una bellissima ed esatta relazione delle feste colà fatte per il nuovo acquisto ecc. Però vengo ordinato di acchiudervene una copia perchè costì facciate maggiormente constare il sincero attaccamento alla corona di Francia di questa *nuova capitale,* Bastia.

L'Abate Gili è qui sempre fra noi. Egli mi assicurò che avete fatto fare li miei stivali; sapete che ora qui ne abbiamo più bisogno che di pane, per essere ogni giorno in moto. Nuovamente i miei complimenti alla Signora Tullia. Sono...

## Paoli a Cocchi

*Casinca, 3 ottobre 1768.* — Stimatissimo amico. Ho ricevuto il 10° e 11° numero. Il frate senza qualche riscontro positivo non dovea venire. La sua venuta ha fatto più male che bene: lo faccio ritornare. Da lui saprete lo stato delle cose. Questi giorni si procura unir gente, ma è stracca. Potrebbe esservi azione; se riesce, si respira. Il nemico attende a momenti 20 battaglioni di rinforzo: se il popolo fosse sicuro dell'assistenza, se ne riderebbe. Riscontratemi con precisione e sincerità della risposta che deve l'amico aver ricevuta. Vi abbraccio.

## Rivarola a Burnaby

*8 settembre 1768.* — È stato anch'egli (cioè il Sig. Generale de Paoli) il dì 8 di questo mese tentato con promesse larghissime col mezzo del P. Morazzani che ella forse conoscerà, ma la risposta sua, che non potea dare più ferma nè più moderata Catone, eccola. « Io non sono l'arbitro di dichiarar sudditi della » Francia i popoli: chiedo un poco di tempo per unirli, e se » loro piacerà di così risolvere io non mi opporrò alle loro » deliberazioni, e andrò a vivere in altro cielo in libertà. Per » ora ho giurato di vivere e morire con loro, e non sarà mai » che io accetti alcuna di queste offerte contro l'onor mio:

» morirò ma darò compimento al mio giuramento come con-
» viene. E vi prego di fare in maniera che si lasci in avve-
» nire di tentare all'onor mio. » Dette tali parole abbracciò
il P. Morazzani, e lo licenziò. Se ne partì il padre con questa risposta per M. de Chauvelin piangendo dirottamente.

# Paoli a Burnaby

*Venzolasca, 3 ottobre 1768.* — Stimatissimo Signor Burnaby. Ho ricevuto la sua lettera de' 24 agosto. Piaccia al
Signore che i buoni effetti della sollecitudine degli amici arrivino in tempo. Sono due mesi che si combatte. Per maneggio si perdè il Capocorso; si dovè abbandonar la provincia
di Nebbio; fu resa la Caprara senza tirare un colpo di fucile;
non si potè sostener Furiani; e s'ordinò d'evacuarlo, quando
il nemico espugnò Biguglia; fu chiamato in Marana, ed introdotto, dal Colonnello Buttafuoco in questa Pieve. Eravamo
sull'orlo del precipizio; bisognò risicare. Il nemico si dispo-
nea passar la foce di Tenda con 2,000 uomini, ed era accam-
pato alla chiesa di S. Nicolao, detta la Chiesa Nera. Da questa Pieve pensava introdursi per Casacconi, Ampugnani e
Rostino. Fu attaccato nel suo campo in Nebbio, e forzato a
prender la fuga, lasciando tende, bagaglio e cannoni. In
questa Pieve si durò più fatica. Fu espugnato a viva forza il
paese della Penta. Si attaccò il Vescovato, e poi Loreto; e
nell'uno, e nell'altro luogo la nostra truppa non potè mantenersi; finalmente si pensò a difficoltare la comunicazione
al nemico. Dovè sloggiare, e nel ritirarsi fu inseguito vigorosamente, e soffrì molto. Ora stiamo bloccando il Borgo di
Marana, dove sono 600 Francesi ben fortificati; ed un altro

corpo de' nostri sta in faccia ad Oletta, dove sono due battaglioni francesi, ed una legione. Altro corpo di essi è attendato a S. Maria dell'Orto, in mezzo a Biguglia e Furiani.
Quasi ogni giorno poi vi sono state scaramuccie. Il nèmico
avea ridotto in questa parte tutti i soldati delle guarnigioui
d'Ajaccio e Calvi. Non avea lasciato in quelle fortezze che
pochissime genti. Parrebbe che l'inverno dovesse stare sul
difensivo, se non gli arrivassero di rinforzo dieci battaglioni
che attende a momenti. Abbiamo nel castello buon numero
di soldati, ed ufficiali prigionieri. Probabilmente questi due
giorni vi sarà qualche fatto d'armi. Si respirerebbe, se riuscisse per noi vantaggioso. Due vascelli, quattro fregate, cinque sciabecchi, e cinque feluconi incrociano questi mari, e
non lasciano accostarsi all'Isola alcun bastimento. Se qualche
potenza si dichiarasse protettrice, e per poco ci soccorresse,
il nostro popolo farebbe dire di sè. Veduto che alcuni principali, o per timore, o per folli speranze hanno trascurato
gl'interessi della libertà, ha combattuto esso con tanta determinazione, che gl'istessi Francesi non hanno saputo negargli
gli elogi. Ma quanto può durare a combattere un popolo sprov-
visto d'ogni cosa contro una potenza tanto formidabile, e
senza speranza d'alcun soccorso? Pure la causa è giusta.
Spero che la Provvidenza ci difenderà. I dettagli muniti di
fatti finora li racconta fedelmente la *Gazzetta di Firenze*.
Ella può immaginarsi, che io non ho il tempo di far relazioni. Mi conservi la sua amicizia, e mi creda in ogni evento,
   Suo affezionatissimo amico.

# Il Padre Morazzani a Cocchi

*22 ottobre 1778.* — Mi riconoscete voi più? Ve ne darò
qualche segno che non sarà equivoco. Chi sa mai qual concetto abbiate di me dopo una certa qual comparsa che ho
fatto sulle vostre gazzette? Assicuratevi per altro che io sono
sempre lo stesso, ho sempre le medesime massime, gli stessi
principj, lo stesso attaccamento ; e ben lo sa 317 (1). Io non
ho fatto altro che seguire l'insegnamento di S. Paolo, *omnis
anima subjecta est potestatibus,* secondo l'interpretazione che
gli danno alcuni oltramontani, cioè ho prestato omaggio alla
forza. Voi avete sapute le prime perdite della nazione, che le
sono state poco decorose ; ma son sicuro che non ne sapete
tutte le vere e reali ragioni. Io forse sarei al caso di farvene
un minutissimo dettaglio, ma lo giudico pericoloso. Si è cam-
biata poscia la scena, e la nazione ha fatto vedere che è capace di risorsa. Ha combattuto con un valore che non è es-
primibile, ed ha superato se stessa. Le perdite dei Francesi
sono state maggiori di quello si è detto e scritto, e loro è
sopraggiunto il timor panico che ha penetrato fino le midolle.
Con tuttociò, che vi ripromettete voi? Disinganniamoci,
amico. Se la Francia vorrà dir da vero, e la nazione sia ab-
bandonata alle proprie forze, dovrà finalmente soccombere ed
accettare le dure condizioni del vinto. Non so se l'eroismo di
combattere fino alle ultime estremità potrà compensare la
catena che dovrà strascinare. Sono mesi che alla nazione sono

(1) Paoli.

state fatte promesse, ed ha concepite speranze; ma dei fatti se ne sono peranche veduti? Non ardisco assicurarlo. Io ho un gran timore che dalle promesse fatte e non mai adempite possa nascere un qualche grave sconcerto. I Corsi, lusingati per tanto tempo vanamente, si crederanno ingannati, e chi sa quali misure possano prendere? Sarebbe stato assai meglio che loro non fosse stata data alcuna speranza.

Potrebbe 317 pericolare. Basta: rimettiamoli all'*ordine del tutto*. Se vi venisse talento di scrivermi, datemi un nome di qualche Spartano, e fate che la lettera non venga consegnata se non a persona che possa rimettermela in proprie mani, e perciò dovrete servirvi della Riverenda (1). Forse le delizie del Mugello v'impediranno di ricordarvi di un che vi ama. Riverite ecc., e salutate ecc. Addio.

## Claudio Francesco Marchese di Chamolin..... e comandante in capite delle truppe di S. M. nell'Isola di Corsica.

---

*Bastia, 21 ottobre 1768.* — Richiedendo il servizio del Re inviarci nella parte oltramontana persona di spirito, zelo, capacità e credito co' popoli di questa parte per affari utili al servizio del Re; Noi incarichiamo per mezzo della presente il Signor Conte Pores ed il Signor Brun di passarvi, autorizzando detto Signor Conte Pores di far viso di quei mezzi che i suoi talenti ed il suo zelo da noi conosciuti l'ispireranno per condurre le pievi di quelle parti all'obbedienza

---

(1) Monaca Rivarola.

del Re, dandole autorità, quando giudichi a proposito, di formare un corpo di truppe nazionale, e farlo servire per utile e vantaggio di Sua Maestà.

## Carlo Francesco Dumouriez a.....

*Calvi, a' 25 ottobre 1768.* — Amico signore, N. N., V. S., tiene memoria d'un tal Carlo Peralta, che dopo di avervi scritto sopra le disposizioni del vostro paese quattro anni fa, se fuì a Francia senza darvi più delle sue novelle. Io son quello che, vedendo che gli affari non potevano aver un buon esito, lasciati andare, vedendo la mia Corte opposta a tutti i piani che mi parevano più valenti per la pacificazione dell'isola vostra. Dopo di aver riuscito male in tutti questi affari per gl'intrighi del Paoli, d'averlo reso più potente, trattando con lui come con un principe, d'averci esposti a vederci beffati in un affare che dovea riuscire se s'avesse operato sopra le cognizioni vere che qualcheduni, ed io fra gli altri, aveano data sopra la condotta politica di questo paese; infine la Corte se ha degnato ritornare al mio piano, ed impiegar me in questo fin adesso mal condotto affare. Quel Signor Abate Ferri, nel qual potrete metter la vostra confidenza, se tuttavia siete nei medesimi sentimenti, vi spianerà le mie idee, vi farà passar le mie condizioni, e condurrà con tutta fedeltà l'affare con voi. Scrivetemi tosto ricevuta la mia carta. Il impiego che tengo nell'esercito può assicurar la vostra confianza. Sempre sono del medesimo cuore per gli affari di Corsica, e sempre il vostro amico e servo.

# Paoli a Cocchi

*Santa Reparata, 4 novembre 1768.* — Stimatissimo Signor Cocchi. E fin a quando sarò privo di vostre lettere ? Sapete quanto mi siano necessarie. Il vostro compare (1), si è scoperto una spia, ed apprendo che sia in catene. Il padre e la madre sono inconsolabili ; il generale par che sia disposto di salvargli la vita per grazia, avendo egli ancora fatta confessione di tutto. Siamo in questa provincia, dove il nemico avea disegno, e forse intelligenza con qualcheduno di questo paese. Ora tutti si sono rivolti alli maneggi e non parlano che di far capitani tutti li facinorosi di Corsica per avergli scoperti al loro partito. Poveri Corsi, combattuti da una potenza tanto formidabile, e perseguitati ancora con pratiche così sconvenevoli, e specialmente a gran Principi. Li francesi occupano ancora Oletta ; se non l'evacuano, sarà inevitabile qualche fatto essendo troppo vicini colle nostre truppe che

---

(1) Matteo Massesi. — Dans une lettre à son ami Lenchère, maréchal-général des logis à Bastia, Matteo Massesi sollicite un emploi de *tavolino* près de M. Chauvelin ou de M. de Marbeuf.

Dans une lettre particulière et autographe, datée de Bastia, le 30 septembre 1768, Chauvelin transmet à Choiseul la lettre de Massesi. On lit ces mots dans la lettre de Chauvelin : « J'ai dit à Lenchère de lui répondre qu'il restât où il est; qu'il nous donnât des nouvelles dessus, et qu'il peut compter sur un emploi s'il nous sert bien..... »

Ces deux lettres se trouvent aux Archives du Ministère de la guerre. Nous savions par la lettre adressée à Cocchi que Paoli avait été informé de la trahison de Matteo Massesi par le colonel de Ludre. Par les pièces qui se trouvent au Ministère nous savons maintenant que Lenchère avait informé Chauvelin du projet de trahison, et Chauvelin, Choiseul. Quelle noblesse de procédés !

sono in Olmeta e negli altri paesi di Nebbio. La nostra guarnigione del Borgo tiene inquieto il nemico in Biguglia e Furiani, dove non è sicuro e non può avervi quieto quartiere d'inverno. Del fatto del Borgo avrete avuta relazione, ed avrete saputo ancora quello di Olmeta colla truppa di fresco arrivata. In questo v'è morto, fra gli altri uffiziali, un gran Signore della Casa di Lorena, e fra li prigionieri v'è un capitano genovese che tremava: l'assicurarono che ora l'odio contro de' Genovesi sembrava diminuito, perchè divertito, e lo quietarono. Li prigionieri in Corte sono circa 800, fra quali più di 30 uffiziali; ma oh che imbarazzo per le sussistenze a gente che ha tanti bisogni! oh che maggiore imbarazzo per il piccolo a far la guerra alli grandi! Vi saluto.

## Paoli a Burnaby

*Santa Reparata, 10 novembre 1768.* — Stimatissimo Signor Burnaby. I primi giorni d'ottobre ricevei la sua lettera del 24 agosto. Risposi subito. Ieri ho ricevuto quì il duplicato. L'amico appena arrivato in Livorno ha confidato con un mio corrispondente. Comincio a prender fiato, ed a sperare che la povera Corsica possa sostenersi, grazie alla generosità degli amici che l'hanno posta in vista. Saprà li fatti di Casinca e Nebbio, e Borgo di Marana. Saprà che in Corte sono da 750 soldati francesi prigionieri; e 55 uffiziali d'ogni rango. Forse non aurà ancora saputo l'ultimo fatto d'Olmeta: gliene acchiudo il Gazettino. Io sono in questa provincia per dissipare certe intelligenze, che pensavano avervi i Francesi, capaci a metterli in istato di sorprender l'Isola Rossa. Si dice ancora, che fra giorni li loro Vascelli ne tenteranno l'impresa; vedremo. Io sarò sempre co' sentimenti della più perfetta amicizia e vera riconoscenza, anche a nome de' miei patriotti,

Suo devotissimo e obbligatissimo ecc.

## Paoli a Cocchi

*11 novembre 1768.* — Stimatissimo amico. Sosia e Mercurio sono venuti piuttosto amici. Mercurio ritorna; non so se Sosia per questo viaggio vorrà riposarsi. Il Gazettino di Firenze esagera le cose, e pare espressamente per non farsi credere. Veramente i gazettieri hanno una gran voglia tutti di accrescere il numero de' morti. Vi acchiudo un piccolo gazettino di ciò che di più rimarcabile è accaduto dopo il fatto del Borgo. Aspettano i nemici 20 o 24 battaglioni di rinforzo. Li loro disegni sembrano rivolti contro l'Isola Rossa: li Fabiani pensavano agevolarne la conquista. Uscendo di qui passerò in Nebbio, dove probabilmente sarà inevitabile qualche fatto: se il nemico persiste in Oletta, cominceranno al fine del mese a sgrossare le faccende della campagna. Si tentano le pratiche de' Genovesi. Vi acchiudo lettera scritta da Perez ad Abbatucci, che vuol emendare il passato. Ho luogo a credere anche più nere pratiche, abbenchè in pubblico ne mostrino abborrimento, e se ne siano dichiarati autènticamente in risposta di una lettera scritta su tali sospetti, originate dalle incombenze che vantavano due scellerati. Vi mando ancora una copia della lettera di Morazzani. Hanno stampato una mia lettera a Ristori, con una mutazione interessante alla circostanza; l'originale dice: *e ne darei le prove se con minor durezza si volesse trattare;* m'è troppo ingiuriosa la mutazione: *e ne darei di buona fede le prove* ecc., quasi che

della mia buona fede vi sia stato sospetto, come io fondo
tutte le mie lagnanze per averne fatto abuso quelli che meco
hanno trattati gli affari. Marbeuf, saputo che Chauvelin parte,
mi ha fatto domandar un abboccamento; mi vorrebbe altra
volta mettere in diffidenza e del popolo e degli amici. Iddio
li perdoni. Saprà Marbeuf ora che io non posso più trattar
con secretezza gli affari; bisogna che ne prevenga il popolo.
A Matteo Buttafuoco venne nel mese passato una lettera della
quale mi fu da un amico trascritto queste parole: « Je dé-
sirerais qu'il se dépêchât de faire l'accommodement pour
avoir dans le même temps la gloire de la défense et celle de
la pacification ; quoiqu'il en soit, le Roi ne veut pas que M. de
Chauvelin négocie avec lui avant l'entière et volontaire sou-
mission de la Corse ; c'est à lui et non pas à nous, à faire
des propositions. » In un'altra lettera scritta al marchese di
Chauvelin l'istesso dicea : « Non v'è apparenza di guerra;
tutte le Corti son tranquille sul punto della Corsica, oggetto
per altro non assai interessante perchè vengano a rottura per
esso. » Questo periodo mi fu trascritto tal quale in italiano.
Si scorge che desisterebbero se avessero veramente sospetti
di guerra. Io procuro tener a bada per avere...; ma Buttafuoco passando alla Corte, dubito non faccia aprir gli occhi.
Io ho permesso al Cav. de Ludre di passarvi; questo è
nemico di Chauvelin e Buttafuoco; la contrarietà delle opi-
nioni e progetti potrebbe giovare. *Tibi soli.* Questo Cavaliere
ha una virtù degna de' tempi del famoso romano Fabrizio.
Scordatevi del vostro infame compare. Fra gli uffiziali e soldati vi è la sedizione: li Svizzeri dicono pubblicamente la
guerra empia; si tentano tutte le strade. Fra i prigionieri vi
sono veramente geniali; ma ve ne sono alcuni che mi raffred-
dano le spalle. Sono 750 soldati, 55 uffiziali. Che corpo di
nemici in casa! E mi affamano. Non veggo il rimedio: se li
mando in Francia, la buona fede francese ne recluterebbe i
suoi reggimenti. Non ho luogo a conservarli. Stanno a San

Francesco. M'obbligano a mantener 50 [uomini] di più in Corti, ed ora ho scritto per un aumento di 100. Troppo caro ci costa l'onore d'aver tanti prigionieri. Dio ci liberi da qualche scossa. Se vi stava il colonnello ed altro mio amico capitano di granatieri, ero sicuro che non si sarebbero mossi; ma vi sono tanti uffiziali giovani che mi fanno tremare. Comunicate la lettera alli due buoni amici, e ritiratene il lor consiglio. In questo punto da mio fratello ricevo una lettera con una di uffiziale francese prigioniere di guerra, e che aveva avuto il permesso di scender in San Fiorenzo per suoi affari : di questa lettera vi acchiudo l'estratto. Può darsi che la lettera ch'ei vuol consegnare sia di Marbeuf per di nuovo richiedere l'abboccamento. Potrebbe anche darsi del Duca di Choiseul, mentre dice mio fratello che in Bastia dicesi che, partito Chauvelin, si sarebbe di nuovo aperto il trattato. Può darsi che l'uffiziale, sotto pretesto di qualche altra insignificante lettera, voglia veder che gente tiene in Murato mio fratello. Lo prevengo a dovere. Se niente vi sarà di nuovo, farò aspettare il ritorno delli due capitani inglesi; ma secretezza, e comunicate agli amici tutto. Vi saluto.

## Paoli a ....

*Santa Reparata, li 12 novembre 1768.* — Stimatissimo amico. Le finezze ci pregiudicano. M. Bellot, a cui accordai il passaporto per Francia ad istanze del Cav. de Ludre mi scrive ora che non s'intende più prigioniero di guerra, essendochè non gli fu osservata la capitolazione, che dice gli fu accordata, di potersi ritirare colla sua truppa alla Venzolasca. Dice che la capitolazione la fece con un tal frate di Tavagna che si disse nostro capitano. Questo capitano noi non lo conosciamo; ma M. Bellot, quando fu preso dai nostri, non avrebbe nemmen potuto dolersi se lo tagliavano a pezzi con tutta la sua truppa. I nostri avevano forzato il paese, ed egli si era rinchiuso in una casa della quale avevano pure forzate le porte; onde ad esso lui ed ai suoi soldati non restava che una stanza, nella quale o potevano bruciarlo, o farlo saltare in aria senza il menomo risico. Or vedete se un ufficiale in tal posizione è in stato di domandar capitolazione! È tanto vero che egli non era in stato di domandarla, che non chiamò per farsela accordare mio fratello o qualche altro capo conosciuto. Mi parlò a quest'oggetto in Rostino; gli dissi che noi non avevamo al servizio quel tal capitano frate, e lo feci convenire che la sua situazione non era per domandar capitolazione; che mi dispiaceva bensì che lo avessero spogliato; ma era caduto in mano di gente collettizia, onde in tal procedere non dovea sembrar molto strano, riflettendo specialmente a quel che di più duro ed aspro si fece soffrire ai nostri in Patrimonio sotto gli occhi del marchese di Trans e dalle mani istesse di lui e di M. D'Ampus. Parve che si quietasse, e più quieto se ne mostrò M. de Mablan, suo tenente. Lo stesso Bellot, scrivendo al suo colonnello, rappresentò la sua situazione in tale strettezza che non gli restava più che fare per difendersi. Egli è restato in codesto paese tanto tempo in libertà, e non ha mai scritto su questa pretensione. Ora da Bastia scrive netto e franco che non s'intende prigioniero di guerra. Quel che poi più mi sorprende sì è che il marchese D'Arcambal anche egli scrive e riclama sopra questo insostenibile assunto. Gli rispondo in poche parole.

La pretensione del capitano potrebbe forse anche averla il suo tenente ed i suoi soldati. Perciò stimo ben fatto che di concerto col Signor Pasqualini e di tutti cotesti signori, mettiate sull'armi le compagnie del paese, e facciate anche venire due o trecento uomini di Talcini, Venaco e Giovellina, i quali opportunamente collocati, facciate separare ed uscire i soldati che restarono prigionieri nella Penta col capitano Bellot, e li riportiate nella Chiesa di S. Marcello, coll'ordine che niuno possa uscirne se non per gettare i cessi (1), o per andare a prender l'acqua, ma sempre ben scortati ; ed il suo tenente lo farete passare in castello, perchè non ritornando il capitano, la sorte di questi infelici non so quale sarà.

Io vi rimetto la lettera e del capitano Bellot e del marchese D'Arcambal, acciò facciate vedere al Cav. di Ludre la necessità che mi obbliga a questo passo. Rimandatemi però colla maggior cautela le dette lettere, poichè questo affare va ad avere strepitose conseguenze. Ho qui due Signori inglesi, uno capitano delle guardie, e l'altro d'un reggimento d'infanteria, che se ne sono mostrati pieni d'ammirazione. Vi mando ancora una relazione venutami dell'accaduto ai nostri prigionieri in Tolone, dei quali tanto si vantava il benestare, mentre erano ritenuti in un luogo che sembrava apposta destinato per farli tutti crepare in poco tempo. La loro fuga non pregiudica a noi nè all'onore di essi essendo carcerati e tenuti come rei di Lesa Maestà. La fuga per conseguenza era un loro diritto incontrastabile subito che avessero potuto farne uso. Potendo perciò credersi costì guardati cotesti soldati (il che non lo era che per il buon ordine), d'ora in avanti non permetterete che ne escano più di 4 alla volta; e con delicatezza si potrebbe far comprendere a cotesti Signori uffiziali che in tale stato di cose bramerei che non facessero più uso dei passaporti loro accordati fino a che non si veda qual riparo si dà alla mancanza di M. Bellot. Di queste cose consultatene ancora il nostro amico M. Sals, a cui non meno che al colonnello farete sapere il mio grave rammarico di recar disgusto a tanta brava gente per la irregolarità di un solo ; che in ogni evento però essi sono esclusi da questo ordine generale, e possono andare dove lor piace.

_____

(1) Excréments.

Scrivo al Signor Pasqualini che aumenti d'un cento d'uomini la guarnigione del castello, onde il popolo, che naturalmente è sospettoso, non porti apprensione per le cose di Corti. Non ho bisogno dopo di ciò d'inculcarvi maggiormente quanto la vostra presenza ed attenzione sia costì indispensabilmente necessaria.

Avrete saputo il passo di Peri in Ajaccio, le incombenze che vanta del marchese di Chauvelin per guadagnar partiti nel di là dai Monti, promettendo impieghi nel parlamento, nella milizia, pensioni e gratificazioni. Altro soggetto è stato spedito nella giurisdizione di Vico. In questa provincia erano consimili emissarii; per terra di Comune girano i figliuoli di Cannocchiale (1). Il prete Ferri di Bocognano, guadagnato in Roma, e spedito apposta in Corsica, gira anch'esso colla segreta direzione d'uno di quei Francesi che, quattro anni sono, rovinarono il Costa e l'Abbatucci dopo che da me non furono ascoltati, e che passarono poi in Livorno, ove tentarono strappar denari al Giacomini, e, non essendo loro riuscito, rubarono l'osteria. Si salvarono sopra un bastimento francese, e vi fu gran chiasso in Livorno, mentre quel governo pretendeva di prenderli a bordo. Voi non ignorate che per costoro io feci passare una memoria alla Corte, ed il Ministro rispose non saper quali fossero. Ora, il principale di questi, che prima facevasi chiamare Carlo Peralta, in Calvi porta il nome di De Mauries (2), e si scrive Marescial generale des logis dell'esercito di Corsica, dicendosi anche incaricato delle segrete commissioni della Corte. Questo deve essere un famoso impostore; ma di tal gente bisogna servirsi quando *per fas et nefas* si vuole uscir d'un impegno. Da Luigi, *il ben amato* non dovevamo mai apprendere una guerra così ingiusta; da una nazione come la francese non avrei mai cre-

(1) Cannocchiale de Taglio.
(2) Dumouriez.

duto adottabili queste pratiche. Oh Dio, val tanto la Corsica, che, per conquistarla, si passi sopra tutti i riguardi più delicati.

Voi non ignorate le sincerità del mio zelo per combinar gli affari e per meritare alla patria la protezione della Francia; ma vedo tutto inutile. Ci vogliono a costo della nostra libertà, del nostro onore e forse ancor della vita. Non vedo altro scampo che abbandonarci in braccio alla disperazione, e non far conto della vita, quando in siffatta maniera viene attaccato il nostro onore e la nostra libertà. La giustizia della nostra causa arriverà più facilmente all'orecchio di Sua Maestà Cristianissima.

Avrete saputo il disordine accaduto nel Senato di Genova atteso le imposizioni che volevano mettere sopra il popolo. La Francia, vedendo ormai illuminate le altre Corti sopra le sue intenzioni intorno alla Corsica, conoscendo non esser fattibile di potersela conservare in proprietà, voglio credere abbia fatto sentire alla Repubblica che pensi ella alle spese della presente guerra. Il popolo di Parigi e ogni uomo sensibile francese parla a nostro favore, ed esclama contro la violenza che ci si fa. I soldati, sentendo d'imbarcarsi per Corsica, disertano furiosamente, e cominciano a disertare in buon numero anche qui. Penso ora a far loro trovare in qualche luogo sempre pronto l'imbarco. Se vengono i battaglioni che aspettano, ne avremo in maggior numero. Vorrei che venisse il Reggimento Real Corso. Simone (1), o Dio, quanto biasima la condotta del capitano! Tra i nostri patriotti in terraferma vi è fermentazione, ed ognuno comincia a riflettere sul dovere di venire a sacrificarsi per la salute della patria. Vivete allegro. Vi saluto e sono...

_____

(1) Simone Fabiani de Santa Reparata.

# Il Conte Perez a... d'Ornano

*Ajaccio, 28 novembre 1768.* — Stimatissimo amico. Non ho voluto scrivervi fin tanto che non abbia messo tutto a segno, e che sia ben cauto tutto l'affare. Ora mancherei al mio dovere ed all'amicizia che vi ho sempre professata quando non vi facessi partecipe della mia venuta e delle incombenze datemi dal signor Generale de Chauvelin per ordine del Re. Il primo del mese arrivai qua per vedere l'intenzione de' Capi e de' popoli ; e dopo di aver trovati disposti Celavo, Cinarca e Cauro, e una gran parte delle altre pievi, spedii subito un soggetto in Bastia dal Marchese de Chauvelin. Esso che è tutto intenzionato di accordarci tutti i vantaggi (chè così è l'intenzione del Re) ha accordata subito la leva di una legione di mille e cinque cento uomini, composta di trenta capitani e trenta tenenti, e questo per beneficare tutti. La paga dei capitani, cento lire al mese ; li tenenti cinquanta ; i sargenti quaranta, li caporali trenta cinque e li soldati trenta ; e questi non saranno per quattro giorni, ma stabili. Le compagnie devono essere di cinquanta uomini, cioè a dire quaranta sette soldati, un sergente, due caporali, capitano e tenente. Riguardo poi alli Capi, il Re ha dato carta bianca al Marchese de Chauvelin, ed esso mi ha promesso in voce e con due sue lettere, che vi farò vedere, di assicurarvi che sarete ricompensati e contenti secondo il merito ed i servizi che renderete al Re ; e state pure certo che avrete luogo di esserlo in particolare.

Ora vedete di parlare al sig. Gio. Battista, vostro cugino, che credo sia abbastanza illuminato, e che conosce quanto pregiudicio gli porterebbe se impugnasse le armi contro Sua Maestà Cristianissima, e quale figura farebbe oltre quella di farsi distruggere, in tempo che sarà uno di quelli che potrà fare la prima figura. Parlategli caldamente ; io non gli scrivo se prima non abbia ricevuta la vostra risposta. Non credo che nè lui nè voi starete ad ascoltar tutte le imposture e cabale del de' Paoli, che non fa altro che seminare orvietano, e non ha mai detto una verità, come avete veduto finora : come l'impostura del Marchese de Chauvelin, che era stato arrestato, che nulla vi è di più falso, mentre è in Bastia tranquillo. Datemi una risposta, la quale credo favorevole; se poi poteste scendere a Capitello, sarebbe meglio chè ci parleressimo a bocca. Fate però quello stimate meglio. Frattanto darò una patente per Domenico, che farà la sua compagnia, e credo sarà meglio essere capitano di Francia, chè almeno sarà per sempre, e se sarà necessaria la leva di una altra compagnia per altri paesi, ve la darò. Frattanto sto attendendo, ed abbracciandovi caramente sono...

## Paoli a Cocchi

*Isola Rossa, 7 dicembre 1768.* — Mai dunque cesseranno le diffidenze ? Credono che possa aver mano per sottoscrivere il contratto della servitù della mia patria ? Mi credono così poco attaccato ed impegnato a sostener quella forma di governo che è quasi tutta mia opera ? Mi credono così poco sensibile all'atroce ingiuria fattami, o che sia così imbecille di confidare nelle promesse della Corte di Francia ? Nei miei scritti, assicurate pure che non parlo il linguaggio del cuore, ma quello che conviene alla povera patria, alla quale

conviene che io temporeggi. A me riesce di vie più animare
il popolo, facendogli vedere che, non ostante la sincerità
delle mie intenzioni per la pace, i Francesi sono sempre duri
perchè ci vogliono come pecore. Arrivai al punto che quasi
non mi restava più che mio fratello, e non cedei; e cederò
che traluce qualche speranza? Ah, mi credano più onesto o
più ambizioso! Mi credono d'intelligenza con i Francesi, nel
tempo che questi non lasciano mezzo per far privar di vita
me e mio fratello, s'insospettiscono perchè tratto bene i
prigionieri; ne ho le mie ragioni, e dovrebbero essere informati del mio modo di pensare; non sarò mai inumano per
rappresaglie. Fra questi prigionieri ci ho degli amici che al
par de' zelanti Corsi detestano questa guerra. Il Cavalier de
Ludre è quello che, nell'atto d'imbarcarsi per Francia, mi
ha prevenuto che qui mi si insidiava la vita, e che a tale oggetto era stata offerta grossa somma; egli mi fece scoprire il
tradimento di Massesi. Quando sarete qui col vostro abito di
marinaro, resterete persuaso che io mi regolo bene nella circostanza. Il maggior timore sapete quale è: se i Francesi conoscono che l'Inghilterra voglia prender parte, essi non mancheranno subito di far patti larghi, ed asserire di trattar
sull'antico piede, a voi noto. Se io rifiuto, i lor partigiani
ingrossano il partito; i buoni, se non vedono scoperta e dichiarata l'Inghilterra, diranno sempre: ma cosa volete aspettare? Ci offrono i Presidj, ci vogliono riconoscere liberi
e indipendenti, e non volete accettare? Avrei bel dire allora:
I Francesi vi ingannano e vi mancheranno come per il passato;
rifiutiamo l'offerta, prendiamo a forza questi Presidj; si ri-
derebbero di me, e mi direbbero: cosa perdete a trattare
l'accommodamento su tal piede? Bisognerebbe che io fin-
gessi di creder di buona fede i Francesi, e destramente mantener il popolo fino a fargli scoprire l'astuzia e mala fede del
nemico. Se io avessi rifiutato assolutamente l'armistizio pro-
postomi, l'avrei sbagliata presso il popolo; ma se osserverete

bene la mia risposta, la troverete equivalente al rifiuto. Pare
a voi che i Francesi volessero abbandonare i posti che hanno
e farsi bloccare ne' Presidj ? Eppure questa mia risposta,
inorpellata con termini apparentemente moderati, è stata
gratissima al popolo ; ognun conosce meglio d'ogni altro il
suo paese. Se però in tempo delle proposizioni che potessero
fare i Francesi, l'Inghilterra si fosse dichiarata, allora sì che
sarei inteso, ed il popolo per mano de' Francesi rifiuterebbe
ancora il Paradiso : oh quanto ognuno sarebbe invogliato di
vendicarsi e del disprezzo che per noi hanno mostrato, e
della superchieria fattaci ! Non mi conviene ora prender
tono alto ; abbastanza dicono al popolo che si sostiene una
guerra che non ha altro oggetto che la mia ambizione privata. Questi sono i discorsi di Zerbi, di Buttafoco, di Marengo e Peres, Boccheciampe ed Alessandrini. Ma se una
volta potessi dire : abbiamo una potenza che ci protegge, e
che vedessero una qualche squadra in questi mari, il popolo
non sentirebbe che a me, che mi fa l'onore di credermi zelante della sua libertà e del suo bene. Ho detto al Padre
Maestro che faccia da giornale ; io non ho tempo. Sappiate
che dormo vestito da che sono principiate le ostilità per aver
comodo di alzarmi la notte a scriver; ; altrimenti il giorno
è poco.

In una burrasca come questa, devo aver l'occhio sopra a
tutto ed accorrere a tutto. Noi non siamo i Greci ; ma il Re
di Francia è potente quanto il Re di Persia, ed usa la forza
e l'arte per vincerci. Non trovate simile il ritratto dell'Inglese ; ma voi dovete sapere che io era allora e sono ancora
molto cambiato (1). Sarebbe un bel colpo se d'improvviso
uscisse il corsaro che mi segnate ; varrebbe un tesoro. Finisco assicurandovi che, se Dio non mi cambia il cervello, i
miei amici non si arrossiranno di me, e sosterrò la causa

_____

(1) Le portrait fait par Corwy.

della libertà ancorchè mi vedessi sotto la mannaia. Se la macchina mi negherà il coraggio comune a tutti i granatieri, le mie massime mi conserveranno quello che distingue gli onesti uomini de' quali parla Orazio : *Justum et tenacem* etc. Vi saluto.

Non fate sinistro concetto dello zelo del Padre Morazzani (1) che sempre sarà l'istesso, e anche ier l'altro è venuto sotto pretesto di far la visita per darmi le novità e per dirmi di star fermo perchè i nemici sono pieni di timore.

Incarico il Padre Nessa, di fare da giornaliere.


## Paoli a Cocchi

*Isola Rossa, 7 dicembre 1768.* — Stimatissimo Sig. Cocchi. Ho ricevuto la sua de' 25 dello scaduto novembre cogli annessi fogli, ma non ho potuto leggere intieramente i suoi numeri per qualche abbaglio che vi era. Veramente le gazette di Toscana meritano ora poco di esser lette, specialmente per quel che riguarda i fatti nostri. Quelle che mi ha ora rimesse, nel capitolo della Corsica sono ripiene di falsità, d'ingiustizia e di calunnia, specialmente contro il comandante (2) di questo postamento dell'Isola Rossa, malmenato alla peggio, e che non ha mai deviato un momento dai sentimenti di fedeltà, di zelo e di attaccamento per la sua patria e per l'onore del suo impiego. Le acchiudo il gazzettino più sincero delle notizie correnti, e che potrà servire di giornale per gli amici. Uno pure ne acchiudo all'amico a cui scrivo, colla copia pure

(1) Morazzani était le Padre Maestro dont il est souvent parlé.
(2) Belgodere Anton Leonardo, de Belgodere.

dei fogli della proposta e risposta della sospensione d'armi, che non ha avuto effetto. Mi pare di averle trasmessa copia della lettera che mi scrisse di commissione il Morazzani, e certamente ne ho mandate copie in Livorno. In Bastia dicono pubblicamente che la Francia travaglia per sè, e che il Re, nel suo editto, non ha potuto parlar più chiaro per riguardo alle altre Potenze; ma che è vano di credere che travagli per la Repubblica e che i popoli, illuminati che saranno su questo punto, abbandoneranno il Generale e si daranno volontariamente.

Non presto tutta la fede alla notizia che sia sospesa in Tolone la missione d'altri battaglioni, avendo riscontri da altre parti che possano sopraggiungere all'improviso; ma, supposta anche vera questa notizia, pare che si faccia ora il maggior fondamento sulle divisioni e partiti che si tenta di suscitare con tutto il possibile calore entro l'interno per via di promesse d'impieghi e di cariche e di grosse paghe che si danno a qualunque sorta di gente più facinorosa. Ricevo in questo punto pedone dal di là da' Monti coll'avviso che qualche partita di gente, tirata da larghe esibizioni di danaro, vada ad unirsi in Ajaccio al Conte Peri, ove pensano forse di fare con questa gente qualche tentativo da quelle parti ove hanno poca truppa. Si era detto che il Marchese di Chauvelin era stato richiamato alla Corte; ma dicesi ora che sia ammalato. Egli forse va differendo la sua partenza per aspettar l'esito di qualche interessante maneggio che può creder vicino. La burrasca è tuttavia pericolosa, ma forsi qualche sollecito positivo riscontro potrà dileguare ogni residuo di timore nel popolo, e determinarlo a far l'ultime prove per la difesa della sua libertà. Io sono sempre colla solita stima il suo affezionatissimo amico.

# Paoli a Cocchi

*Isola Rossa, 8 dicembre 1768.* — Sigillate l'altre lettere, mi arriva il pedone del di là da' Monti coll'avviso che Peri fa ogni possibile per assoldar gente ; ma finora non avea trovati che alcuni suoi parenti, checchè ne dica nella lettera che scrive agli Ornani, li quali me l'hanno subito rimessa, e io ve ne accludo copia perchè la facciate vedere agli amici. Prestezza, perchè l'offerta del soldo così forte guadagnerà almeno tutti li malviventi e facinorosi. O quanto bene sarebbe, se qualche fregata si facesse vedere in qualche scalo ! ranimerebbe all'ultimo segno i buoni patriotti, e farebbe tal coraggio ai pusillanimi, ed a quelli che bramerebbero essere indifferenti per non esporsi darebbe la spinta. L'immaginazione dei Corsi è quella che bisogna guarire. Vi saluto di vero cuore.

# Il Conte Perez
## al Magistrato di Celavo, Cinarca e Cauro

*Ajaccio, 18 dicembre 1768.* — Illustrissimi Signori. Complico a questa mia una copia dell'incombenze datemi dal Signor Marchese de Chauvelin relative al servizio del Re. Vedrete da ciò che io sono incaricato degli affari di S. M. Cristianissima in questa parte della Corsica. Vi dichiaro da parte sua che l'intenzione del Re essendo di prendere tutti i mezzi possibili per tranquillare i torbidi di cui la Corsica è vessata dopo tanti anni, devo assicurare tutti i miei compatriotti che il Re di Francia è divenuto il legittimo sovrano della Corsica. Tutti coloro che colli loro raggiri ed intrighi s'opporranno alle saggie misure che Sua Maestà vuole prendere per render felici li Corsi che essa ha adottati ed adotta nel numero de' suoi sudditi, saranno trattati come sediziosi i quali non s'oppongono alla pace e tranquillità della Corsica che per tiranneggiare i popoli a loro piacere. Sono informato di tutte le vostre cabale e dell'astuzie di cui vi servite per tirare li popoli a sottrarsi alli legittimi diritti di sovranità che Sua Maestà ha acquistati sopra la Corsica. Vi dichiaro perciò da parte del Re che Sua Maestà vi rende risponsevole di tutti li torbidi che seguiranno nella vostra giurisdizione o degli ostacoli che farete alla buona volontà de' popoli che giustamente desiderano di essere sudditi di Sua Maestà Cristianissima. Se darete ordine per far marciare le truppe pagate dal de Paoli contro coloro che volontari si sottometteranno all'obbedienza del Re e che lo riconosceranno per loro legittimo sovrano, vi dichiaro, per parte di Sua Maestà Cristianissima, che voi non dovete aspettar grazia presso del Re, e che colle vostre sostanze e colla vostra vita pagherete li mali che avrete cagionati. Ho creduto che l'antica mia amicizia per voi e per la commissione di cui sono incaricato dovessero esigere che io facessi parte delle intenzioni del Re a vostro riguardo, assicurandovi inoltre che Sua Maestà, quanto è disposta a riconoscere li vostri servigi se colli vostri mezzi e cure contribuirete ad impedire li torbidi della Corsica, altrettanto è pronta per farvi sentire il peso della sua indignazione, se persisterete a fomentare li detti torbidi, de' quali s'è prefissa vederne il fine. Mi persuado che rifletterete alla grandezza del Re, e che non vorrete riguardarlo come un partitante o un fomentatore, poichè, essendo un sovrano assai potente, non potreste che causare, invece di felicità, una perpetua schiavitù a cotesti popoli. Altro non so che dirvi, e colla più sincera stima sono...

# Paoli a Cocchi

*Decembre* (?) *1768*. — Illustrissimo amico. Ho ricevuto le sue lettere del 29 e 30 novembre, del primo e del quattro corrente. Ottima la risoluzione presa per lo sbarco de' cannoni. Se mi riesce la sorpresa che medito, li mando subito a prendere e li metto in opera. Non ho ancora inteso parlare di Masseria, nè del compagno. Egli in Ajaccio farebbe pessima figura. Quando s'è fatto sbarcare dal bordo del caposquadra Spry, deve essersi fatto conoscere per leggero anche da quello.

Li due Gentili (1), pieni di buon zelo, sono meco. Scrivo ad altri Corsi perchè seguano il loro esempio; ho bisogno di gente d'onore e di educazione. L'acchiuso paragrafo, mi ha stomacato : con stile ironico non ho potuto questa volta ritener lo sfogo contro taluno che forse, perchè *buono*, è innocente.

Si farà ogni possibile di aver le pernici che desidera il zelante buon amico. Se non avessero prese quelle della mia riserva alle Porrette, le avrei credute troppo bene impiegate.

Milard Pembrock non è ancora arrivato. Aspetto con ansietà colui che vuol farsi corso ; si concerterà il modo che siegua colla migliore sua soddisfazione, e si parlerà di altri importanti affari. In caso che non potesse venire, mi suggerisca la di lui idea. Troverò per lui un terreno, acciò possieda beni stabili nella nuova patria.

---

(1) De Brando, sans doute. L'un des frères Gentili fut chargé, à la bataille de Pontenovo, de défendre l'accès du pont.

L'ordine venuto mi solleva; ma ci vorrebbe qualche mese di anticipazione, perchè possono chiudersi i passi, o prender qualche feluca; ed io sarei perduto se mi mancasse il nervo della guerra, ora specialmente che li nemici spendono a mani aperte.

La risposta de' Comuni è fredda, se pur non è concertata per parlare ed operare terminati gli affari d'America. Non posso credere che, in un affare di tanta importanza per la bilancia d'Italia e per la marina de' Francesi, si voglia lasciar operare i soli Corsi.

Mi dispiace che il Papa pieghi. Ah nipoti maladetti! Cosa aveva più che temere? Se cede, la sua Sede ha perduti li scalini, ed è in piano. Me ne dispiace perchè sono italiano, e questa suggezione al Papa avea buoni effetti, e tenea in qualche modo a freno i troppo grandi. Se fossi inglese, pure la proteggerei per un altro motivo. Le notizie correnti sono nell'acchiuso foglio; spero darne migliori fra poco. Provo somma carestia di viveri: fate che vengano a vender grano e orzo all'Isola Rossa, e che mi mandino due mila sacchi di farina. Procuro il cambio de' prigionieri: in Corti mi danno troppo sospetto. Quel luogo vorrei farlo piazza di deposito, ma con circa mille nemici dentro. Non posso altrove; non so dove tenerli, e mi votano il Regno. Ho prevenuto alle Prunete e all'Isola Rossa, ma se viene sulla nave uno dei frati non ce n'era bisogno.

Achille(1) l'ho potuto riavere con uno stratagemma; ho fatto un buon acquisto. Se viene Clavesani, Ciavaldini, Negretti e qualcheduno di quelli di Napoli, potrei voltar le spalle, e più se venisse un altro che meglio conosce il mondo e le Corti. Per avere il Signor Achille ebbi ancora il Peppo Casabianca; ma l'ho liberato e se n'è tornato in Bastia; ha

(1) Murati.

però promesso assai. Jaco di Murato, suo zio, scrisse che avrebbe voluto abboccarsi seco lui : era concertato che Achille, con aria d'indifferenza, si facesse chiamare ; quando li vide come parenti, disse : venite a casa vostra, e se lo prese avanti. Ma v'era però il patto, che se il Peppo non volea restare, si potesse ritirare.

Ritorna il Padre Nessa di mia commissione. Dans le Gazzettino di Corsica du 20 décembre 1768 au 15 janvier suivant on lit ce qui suit écrit peut-être par Paoli :

« Il capo sedizioso Conte Perez, spedito da alcuni mesi in Ajaccio dal Signor di Chauvelin per eccitar sedizioni o suscitar partiti nel di là da' Monti, impiega ogni mezzo possibile per venire a capo de' suoi disegni. Oltre aver disseminate molte patenti di ufficiali, scritte lettere a diversi particolari con grosse esibizioni di danaro per assoldar gente, ha pure scritta una lettera comune e dello stesso tenore a tutti i Magistrati ed ai capi principali di quelle parti in data di Ajaccio. Egli, che pochi mesi addietro era bandito di Francia, ove avea servito qualche tempo nel Reggimento Real Italiano, si spaccia ora in questa lettera plenipotenziario di Sua Maestà Cristianissima. Alcuni dei Magistrati e dei Capi risposero a questa lettera di Perez dicendogli che tutti i buoni Corsi erano persuasi essere troppo contrario alla pietà e giustizia di Sua Maestà Cristianissima le pratiche ed i maneggi che ora si tentano in Corsica per sottomettere questi popoli che Sua Maestà per quattro anni avea riguardati come popoli liberi ed indipendenti, ed avea loro accordata la reale sua mediazione per trattare il loro accomodamento colla Repubblica di Genova ; e che tanto più alieni doveano essere dalla mente di Sua Maestà Cristianissima i mezzi che si usavano per questo oggetto, quali erano quelli di armar la mano di tutti i scellerati, di cui il Perez si era fatto capo : che con tali mezzi non si volevano tranquillare i torbidi, che realmente non erano in Corsica, ma che volea anzi gettarsi la divisione e il disordine per mezzo di tanti facinorosi banditi e sicarj, che, non avendo alcun impegno di onore che li guidasse, si stipendiavano a solo fine d'insidiare la pubblica e privata sicurezza, e macchinare contro la vita di tutti gli onest'uomini ; che, a dispetto di queste arti e di tutte le minacce del Perez, era sempre ferma la risoluzione del governo e dei popoli di sostenere e difendere a qualunque costo la libertà ».

## Paoli a Burnaby

*Murato, 22 dicembre 1768.* — Riveritissimo amico. Ricevei ier l'altro la sua lettera del 10 novembre, nella quale mi accusa quella che le scrissi da Casinca nell'atto di passare al Borgo di Marana. Ne avrà ricevute a quest'ora altre che le scrissi da Balagna. Non voglio niente diminuire le obbligazioni che le devo, io e la buona causa, con studiati ringraziamenti. Avrei bensì voluto mandarle il dettaglio di qualche fatto, ma ancora non mi si presenta la circostanza che mi bisogna sperarlo favorevole ; ma non si dovrebbe tardar molto. I Francesi attendono a primavera molti battaglioni di rinforzo. Ora si studiano d'assoldar gente facinorosa dell'interno. Finora, con tutto che offrano stipendi vantaggiosi, non han trovato un cento d'uomini. L'acchiuso foglio stampato non scuopre intieramente l'inumanità e la perfidia de' lor disegni. Hanno tentato farmi assassinare in più modi. Ho in mano qualche scellerato che faccio lasciar in vita perchè vi sia sempre un testimonio vivente dalla loro viltà e mala fede. Nel tempo che insidie sì atroci mi vengono tese, non si trascura di protestare in pubblico che hanno tutti i riguardi immaginabili per la mia persona, e che sono dovuti al mio impiego. La risposta de' Comuni mi pare un poco fredda; eppur l'acquisto della Corsica di molto accrescerebbe col tempo la marina de' Francesi, e la bilancia del Mediterraneo penderebbe troppo a lor favore. I Francesi non lo dissimulano più, perchè credono troppo occupato nelle dissensioni di America codesto ministero. Milord Pembroke non è ancora qui giunto. Sento sia a Nizza. M. Fawkener bensì venne, con un altro capitano M. Menzies; entrambi amabili e zelanti della buona causa. Le ho fatte inscrivere nell'acchiusi fogli le poche notizie che vi sono. Ho fatto invitare i nazionali che sono per la terra ferma, perchè vengano a rimpatriare. Jer l'altro è arrivato il conte Gentili che serviva in qualità di capo nelle truppe dell'imperatrice regina. Vorrei introdurre qualche disciplina nelle nostre truppe. Soffriamo penuria grande di viveri. Sono sette anni che la terra non dà quasi più grano. Viviamo a pane di castagne. Pur non dispero ancora; la mercanzia di Scozia l'ho fatta lasciare in Livorno. Era troppo pericoloso volerla far venire in questi tempi, che il mare è pieno di bastimenti nemici: e d'altronde per ora non avrei potuto farne uso. Se mi riesce il colpo che medito, la farò subito venire. Per non ingrossare oltremodo il piego, la prego far passare poi coll'acchiusa gli avvisi al Signor Boswell.

Colla maggiore cordialità ed amicizia ho l'onor esser suo devotissimo e obbligatissimo amico.


## Paoli al capitano Franceschi a Livorno


*Murato, 23 dicembre 1768.* — Ho ricevuto i due mila zecchini per mano del Signor Gentili e sto in attenzione degli altri che mi fanno sperare. Venendo la stagione buona, i bastimenti nemici si accresceranno e renderanno più difficili i trasporti da Livorno alla Corsica. Ora i bastimenti francesi son pochi, e la loro navigazione sulla costiera è molto incomoda. Si possono perciò mandare in questo tempo con più facilità e sicurezza quanti trasporti si vogliono. In vista di ciò, voi suggerite all'amico che, delle somme che si attendono, potrebbero ora farmi qualche anticipazione per non trovarmene mancante quando potrà essere maggiore il bisogno per mantenimento della grossa truppa che si va formando. Scrivo all'amico suddetto che ho la maggior premura e necessità di avere una grossa provvista di farina, che non dovrebbe essere meno di duemila sacchi, attesa l'estrema penuria che qui comincia a provarsi di viveri. Voi insistete chè mi si mandino al più presto, e quando gli amici trovassero in ciò qualche difficoltà, procurate voi di comprarne costì quante nè potrete trovare, e mandatela sulle feluche all'Isola Rossa, che è il luogo più comodo per noi e il più sicuro. Avvertite di non mandare, per quanto sia possibile, trasporti nel di là de' Monti, ove possono correre troppo pericolo a riguardo dei banditi che passeggiano per quelle marine, e per l'instabilità a cui può esser soggetta quella parte. Viene costì il P. Nessa con cui desidero che passiate colla più perfetta intelligenza, e che vi regoliate in tutto con circospezione e prudenza, nel mentre che sono di cuore...

In altra congiuntura manderò il Signor Cerani, sotto pretesto di vedere il fratello. Egli è discreto. La farina, perchè alla primavera saremo senza viveri, ed in tempo di raccolta siamo alla dura necessità; non abbiamo molini per macinare a tanti: questo è il più essenziale. Se si può effettuare il cambio de' prigionieri, e fare piazza di deposito, Corti è sicuro da un colpo di mano. State attenti, chè qualche feluca la prenderanno, e se manco di denaro ora, il popolo si sgomenta, perchè li Francesi fanno tutto per sedurre. Vi rimetto un conto che manda Samuele; se questo veramente avanza, bisogna che sia pagato; ma all'Isola non pensavano che avanzasse. Ceccone ha la feluca a conto pubblico; vi serva di avviso, acciò concertiate li passi che deve fare. Le notizie le sentirete a bocca dal P. Nessa.

## Paoli a Cocchi

*Murato, 25 dicembre 1768.* — Stimatissimo Cocchi. Vi compiego copia di una lettera che Perez scrive al Magistrato de Celavo, Cinarca e Cauro, che mi arriva oggi, colla copia pure dell'istruzione datagli dal Marchese di Chauvelin. Fatene uso presso gli amici. Avrà scritto consimili lettere anche agli altri Magistrati del dì là da' Monti. Avevo chiamato Cuttoli, chè se ne venisse presso di me; è venuto sino a Vivario, e poi se n'è voltato addietro, ed ho luogo a credere che sarà seguace e compagno di Perez. I nemici si sono ingrossati fino a tre mila uomini in Oletta, e vi hanno fatto venire tutti i Lotinchi, Villesi e di Cardo. Vi rinovo la sincera stima con cui sono.

## Paoli a Franceschi (?)

*Gennaro 1769.* — La fortuna maledetta ci fece mancare il colpo di San Fiorenzo (1). Il non aver truppa ben discipli-

---

(1) Saint Florent fut attaqué le 1er janvier 1769.

nata e comodo di farina per farne biscotto di cui li nostri possono portare in spalla dieci giorni di provvista, mi trattiene dal fare certi movimenti dai quali spererei d'inviluppare o disperare almeno i nostri nemici. Il popolo di là da' Monti mostra un zelo indicibile per la libertà. Siam sicuri che da quella parte ora non possono più fare avanzamenti; i nemici credo che abbandoneranno Oletta perchè quel paese li tiene troppo faticati. Vi è una guarnigione di due mila uomini, ed è sempre su l'armi; io la potrei prendere, ma non me ne curo. Ieri l'altro mi mandarono Ristori per farmi capire che avrebbero volentieri accettata l'apertura di trattare; risposi al solito che avrei data risposta quando mi fosse notificato il trattato conchiuso con la Repubblica. Egli mi ha assicurato che i nemici son confusi, specialmente dopo l'azione del giorno tre. Fate che ci arrivino a tempo le provviste, poi il Signore Iddio ci aiuterà.

## Paoli a Burnaby

*Murato, 21 gennaio 1769.* — Stimatissimo Signore. L'acchiuso giornale avrebbe potuto contenere notizie più interessanti; ma la fortuna mi ha fatto mancare anche questa volta il presidio di S. Fiorenzo; ed il giorno dei 3 i nemici furono assai moderati. Mi ero lusingato che volessero tentare un'azione decisiva; ma nel più bello si contennero. Ora stiamo osservandoci; ma probabilmente qualche fatto dovrà seguire. Ho veduto il manifesto della soscrizione. Ho dato ordine che sia tradotto, acciò il nostro popolo s'incoraggisca, e rianimi di nuovo fuoco il suo zelo a vista dell'impegno che prendono per la sua libertà gli onesti uomini di una gran nazione, che

fa ora la prima figura in Europa. Non posso voler male agli
Americani ; ma vorrei, che ben presto fossero quieti. Le
discordie di quella parte sono di molta considerazione ai
nostri nemici.

Monsieur Fawkener venne da me all'Isola Rossa con Mon-
seigneur Menzies. Milord Pembroke mi scrive, che non potrà
venire che a febbraio. La fregata ch'Egli attendea per tra-
sportarlo, era ancora a Lisbona. M. Fawkener e M. Menzies
passarono in Bastia ad imbarcarsi ; di passo vollero vedere il
campo di S. Nicolao ; passarono per Olmeta, dipoi per Oletta,
sicchè a lor bellagio osservarono la nostra situazione, e quella
de' nemici. In Bastia, quasi vollero darli ad intendere, che il
loro Re facea la guerra in Corsica per liberare questo popolo
dalle mie oppressioni. Questi Signori m'insidiano nel tempo
istesso la vita e la riputazione. Sarei contento, se questi
bassi artifizj fossero un contrassegno della poco fiducia che
nutriscono per sottometterci colla sola forza ; ma venga quel
che ne può avenire, la nostra causa è giusta; l'esito è in
mano della providenza.

Mi conservi il suo amore, e mi creda sempre, coi sentimenti di gratitudine e di vera amicizia, suo devotissimo ed
obbligatissimo servitore.

P. S. — Non ho più veduto, nè avuto alcuno riscontro di
Monsieur. — Se mai egli ritornasse in questo paese, ne sarebbe subito prevenuto il di lui fratello, come desidera.


## Paoli a Giafferri (?)

*Murato, 21 gennaio 1769.* — Vi acchiudo il giornale dei
fatti accaduti dopo la vostra partenza. All'Isola Rossa, si è

saputo che i morti ed i feriti sono in maggior numero. L'azione del giorno dei 3 la sperai decisiva, ma ognuno stava in guardia. Li nemici desideravano attirarci in una imboscata dove aveano una batteria coperta di cannoni, e noi voleamo impegnare la colonna della montagna ad entrare in fazione, poichè sarebbe stato alla medesima troppo difficile il ritiro. L'imboscata, i nemici l'aveano alla bocca di Tuda. Il fatto nondimeno fu caldo. Si arrabbiano quando sentono che in quel giorno non ebbimo che due feriti ed un morto. La buona causa difende i nostri. Ho meco due vostri nipoti. Saluto il Signor Ambrosi. Sono il vostro amico.

## Paoli a Madama Marengo nata Limperani, a Penta

———

*Murato, 10 marzo 1769.* — Stimatissima Signora comare. Per lo meno sarà diminuita della metà la quota delle castagne. Fra due giorni sarò costì. Mi continui l'onore della sua grazia, e mi creda...

P. S. — Non ci abbia mal cuore. Le cose nostre vanno bene.

## Paoli al Conte di Rosemberg

———

*Pisa, 18 giugno 1769.* — Eccellenza. Le disgrazie della mia patria mi hanno portato a cercare un asilo ne' Stati di S. A. R. Ier l'altro, sopra di una nave inglese, approdai in Livorno. Credei poter sbarcare incognito e prevenirne immediatamente l'E. V. ; andò fallito il mio disegno, forse perchè avessi anche il motivo di ringraziarla per l'ordine trasmesso di farmi subito ammettere a libera pratica. Mi sono portato in questa città, come meno esposta ; ma in ogni luogo sarò sempre a disposizione di S. A. R., verso cui non vorrei far passo che dall'E. V. non mi fosse suggerito, onde vieppù esser sicuro del Reale gradimento e patrocinio, tanto per me che per que' Corsi che, un centinaio circa, si rifugeranno in questo Stato. La mia nazione è stata sempre ben veduta in questo Granducato ; spero che maggiormente lo sarà ora che vi regna un principe così umano ed illuminato della Casa d'Austria, sotto la cui protezione giustamente credesi la Corsica, e che, al maneggio degli affari, evvi un ministro che sa calcolar gl'interessi, conoscerne le relazioni, e prevederne i cambiamenti che possono avere, e della di cui propensione ho tante riprove. Quindi è che colla maggiore fiducia sono in attenzione di qualche riscontro, nel mentre che ho l'onore di essere con tutto il rispetto ed ossequio...

# Il Conte di Rosemberg al Principe di Kaunitz

*Li 20 giugno 1769.* — È sortito al general de Paoli di sottrarsi alla vigilanza dei bastimenti francesi che guardavano l'Isola di Corsica, e di giungere sopra una nave inglese in Livorno. Si è indirizzato con una sua lettera a me per implorare la sicurezza nelli Stati di S. A. R. nei quali ha intenzione di fermarsi. Non sembra che vi possa essere motivo per cui la R. A. S. deva negare al de Paoli quell'asilo e quella protezione che si accorderebbero a qualunque persona che venisse qua a domiciliarsi, ed è perciò nella disposizione di accordargliela.

Ma potendo facilmente accadere che la Corte di Francia avanzi delle istanze perchè li sia consegnato, o almeno perchè non li sia dato qui ricetto, S. A. R. m'incarica di scriverne a V. A. acciò Ella si compiacesse d'intenderne sopra di ciò i venerati sentimenti di S. M. l'augustissima Imperatrice Regina, per le di cui insinuazioni questo Real Sovrano si fa giustamente un pregio di avere la più rispettosa deferenza. Nell'attendere il risultato, ho il vantaggio di protestare all'A. R. il costante ossequio con cui ho l'onore di essere.... .

## Il Conte di Rosemberg a Paoli

*Firenze, 21 giugno 1769.* — Eccellenza. Sua Altezza Reale il Serenissimo Arciduca Granduca, al quale ho dato conto della lettera che V. Eccellenza mi ha scritta il 18 del corrente, m'incarica di assicurarla della sua più special protezione nel soggiorno che Ella ha prescelto di fare nei suoi Stati. Dell'istessa sicurezza e protezioni godranno pure tutti gli altri Corsi che si rifugeranno in Toscana, i quali saranno riguardati e trattati come i sudditi propri della R. A. S.

Con il vantaggio che ho di comunicarle i graziosi sentimenti di questo Real Sovrano, e col piacere che godo nel vedere che dal medesimo vien reso all'Eccellenza Vostra quell'onore che il di Lei merito esige da ognuno, mi pregio di protestarle i miei particolari sensi di una somma, sincera stima e rispetto, mentre mi scrivo...

# Il Principe di Kaunitz al Conte di Rosemberg

*Vienna, 3 luglio 1769.* — Eccellenza. Egli era facile a prevedere che, dopo il totale rovescio della sorte di guerra in Corsica, il generale de Paoli si salverebbe in Livorno; ma non così certamente potevasi supporre ch'esso penserebbe di fermarsi in cotesti Stati, come ora osservo dalla stimatissima lettera di V. E., 20 scorso, dubitando molti che possa egli prendere il partito di passare in Inghilterra.

Questa dimora del general de Paoli in Toscana, e, per conseguenza, a portata della sua isola, farà senza dubbio dell'ombraggio alla Francia come riflette l'E. V.; quindi per poter rispondere alla di Lei domanda con quell'accento che desidera S. A. R., non ho mancato di esplorare la mente di S. M.

Combinando dunque il nuovo incidente col politico e circospetto contegno finora tenuto per parte di cotesto governo relativamente all'affare de' Corsi, non si può negare all'infelice loro capo l'asilo ch'egli implora durante il suo soggiorno in Toscana: di tanto si dimostra persuaso l'istesso Serenissimo Arciduca e S. M. crede potere di questa favorevole disposizione (fondata su li sentimenti d'umanità, non che di neutralità) essere assicurato il de Paoli per mezzo di persona confidente, piuttosto che di lettera.

Ma essa è altresì di parere qualmente convenga prevenirlo nel tempo medesimo e fargli comprendere che nel caso di qualche istanza della Corte di Francia, o per la di lui consegna, o perchè non gli fosse continuato l'asilo, S. A. R. non potrebbe esporsi all'impegno di essere perciò gravemente compromessa col Re Cristianissimo, e che sarà allora della prudenza di detto Generale il trasferirsi spontaneamente altrove.

Questo si è che a nome di S. M. io ho da replicare all'E. V. su tale delicato proposito, e ringraziandola della sua confidenza, col solito distinto rispetto, ho l'onore di essere.

## Paoli a Burnaby

*Ingatestone, 18 settembre 1769.* — Stimatissimo Signor Burnaby. Oggi alle 2 sono sbarcato in Harwich, ma un poco mal concio dal mare. Credevo colà riposarmi due giorni; essendo stato conosciuto m'è convenuto prender la posta e camminar fin qui dove ora arrivo alle 12. Non proseguo fin costì, perchè arrivando all'osteria sarei anche subito scoperto; onde costì passano li miei compagni il Pre Guelfucci, il conte Gentili, ed il baron Grothous, che venne a levarmi di Corsica. La prego agevolar loro, per quanto puole, perchè al più presto mi trovino un alloggiamento decente per tutti. De' casi miei e della buona infelice causa parleremo dopo ed a lungo. Non ho scritto fin ora, perchè so che le mie lettere son cercate alla posta.

L'abbraccio di vero cuore; ed al solito sono il suo devotissimo ed obbligatissimo servo ed amico.

## Paoli a Cocchi

*Londra, 8 gennaio 1770.* — Stimatissimo amico, Nella lettera del Cav. Dick eranvi alcune righe di vostro carattere,

Sono dalle medesime informato che voi siete a Pisa, e che state bene; godo di vostra buona salute, e pregovi de' miei complimenti al Signor Cav. Mann, di cui dovrò sempre sovvenirmi co' sentimenti della più sincera riconoscenza. L'acchiusa lettera diretta al Padre Giulio è in sostanza per mio fratello; onde vorrei che colla maggior sicurezza e cautela gli arrivasse, ed a voi la raccomando. Domani s'apre il Parlamento: io vi anderò. Dalla parlata del Re si potrà congetturare in parte qual sarà il piano di quest'anno: credo sarà pacifico, poichè niuno è in tempo, sebbene tutti credo sazj della troppo lunga pace. Amatemi e credetemi sempre vostro affezionatissimo amico.

## Paoli a Burnaby

*Domenica, 4 marzo 1770.* (Londra). — Stimatissimo amico. Non potei iersera all'ora convenuta essere alla casa di Monsieur Walsingham, perchè il cocchiere, ubbriacatosi più d'un tedesco, fu giudicato inabile a guidar li cavalli dal padron della carrozza; e non potei aver altro cocchiere avanti delle 8 e un quarto. Spero che in vista di ciò Ella non vorrà tacciarmi di mancante all'appuntamento.

Si parlò nella Camera alta d'un aumento di marinari per mettersi in istato di difesa a vista de' preparativi ostili della casa di Borbone. Li duchi di B. e G. s'opposero; e la proposizione non passò. Milord Chatham parlò sull'interesse che v'era di non lasciar la Corsica alla Francia. Ignoro ancora l'esito di quest'altra di lui proposizione; abbenchè posso suppormelo: *isti veniti non errant, et si errant errorem non corrigunt.* Sul corso ordinario delle cose per quest'anno poco

www.ingramcontent.com/pod-product-compliance
Lightning Source LLC
Chambersburg PA
CBHW070907030726
47504CB00005B/1493